HEYNE KOCHBÜCHER

Silke Weber
Ghazi Abdel-Qadir

Der Zauber
der Arabischen
Küche

Traditionsreiche Rezepte aus allen
arabischen Ländern

Originalausgabe

WILHELM HEYNE VERLAG
MÜNCHEN

HEYNE KOCHBUCH
07/4557

INHALT

Die Rezepte in diesem Buch
sind für vier Personen berechnet.

Abkürzungen:

EL = Eßlöffel
TL = Teelöffel
Msp = Messerspitze
l   = Liter

Einführung

Die arabischen Länder umfassen ein riesiges Gebiet mit den verschiedensten klimatischen und geographischen Gegebenheiten.

Da sind zunächst die Länder rund ums Mittelmeer zu nennen mit ihrem üppigen Nahrungsangebot. Hier gedeihen mehrere Getreidesorten, fast alle Arten von Obst und Gemüse, Hülsenfrüchte, Oliven und vieles mehr. Die Viehwirtschaft ist ertragreich und das Meer weist ein reichhaltiges Angebot an Fischen und Schalentieren auf. Die Eßgewohnheiten dieser Länder sind zumeist bäuerlich beeinflußt und die Rezepte haben eine lange Tradition.

Die Wüsten- und Steppengegenden Arabiens bieten gleichfalls einige Besonderheiten. In den Gebieten der Sahara und in den Wüstenstrichen der saudiarabischen Halbinsel stützt sich die ganze Ernährung auf die Viehzucht und Oasenwirtschaft. Fleisch, Milchprodukte und Datteln sind die wichtigsten Nahrungsquellen. Hier haben die Rezepte einen starken, beduinischen Anklang.

Der Irak nimmt eine Sonderstellung ein, nicht nur wegen seiner berühmten Datteln und Pistazien. Hier ist der Ursprung der typischen, üppig-orientalischen Kochkunst zu suchen. Im arabischen Mittelalter wurden in Bagdad die ersten Kochbücher verfaßt und die kulturellen Strömungen, die damals von dort ausgingen, halten auch heute noch all die unterschiedlichen Länder mit einem gemeinsamen Band zusammen. Die kunstvolle Zubereitung von Konfekten und außergewöhnlichen Getränken sowie die Verfeinerung der Gerichte durch Blütenwässer und Spezereien, hatten hier ihre besondere Entfaltung gefunden. Diese altorientalische Lebensart gelangte dann von Bagdad aus in alle anderen Städte der arabischen Welt.

Das Getreide

In allen arabischen Ländern spielt Getreide eine große Rolle, und Ägypten als Ursprungsland des Brotes weist eine besondere Vielfalt auf. Weizen, Gerste und mehrere Hirsesorten werden seit altersher angebaut, in neuerer Zeit kam auch der Mais hinzu. Die Maghrebländer ernähren sich, neben den oben genannten Sorten, hauptsächlich von Hartweizen, der zu Mehl, Grieß oder Kuskus verarbeitet wird. Im großsyrischen Raum hat der Weizen die Gerste bei der Brotzubereitung fast vollständig verdrängt. Eine besondere Spezialität dieser Gegend ist Farik, ein grün geernteter und anschließend gedarrter Weizen. Er findet als Suppeneinlage oder für Füllungen Verwendung. Aus Hartweizen wird durch Vorkochen, Trocknen und Schroten der sogenannte Burghul hergestellt.

Im Jemen werden Hirse und Weizen angebaut, in den übrigen Gebieten der arabischen Halbinsel bildet Reis die Grundlage der meisten Gerichte. Dieser stammt zumeist aus Pakistan und macht neben anderem den starken indisch-pakistanischen Einfluß auf die Golfregion deutlich.

Gemüse und Obst

Das warme Klima bringt viele verschiedene Arten von Gemüse hervor, auch wenn keine zusätzliche Bewässerung gewährleistet ist. In vielen Gegenden am Mittelmeer gedeihen die Pflanzen allein vom Morgentau. Dies ergibt ein besonderes Aroma, welches hoch geschätzt wird.

Neben den verschiedensten Kohlsorten, Rüben, Kürbisarten, Auberginen, Tomaten, Spinat und Mangold, werden auch ungewöhnlichere Pflanzen gegessen, die es bei uns teilweise auch gibt, dort aber riesige Blätter entfalten. Dazu gehören Ampfer, Sauerampfer, Melde, Milukhija, Senfrauke und Portulak. Besonders beliebt ist die arabische Malve (*Malva rotundifolia*), die man gut durch die europäische wilde Malve (*Malva sylvestris*) ersetzen kann, auch wenn sie nicht ganz so gut schmeckt. Als exotische Gemüsesorte ist noch Okra zu nennen. Ihre Schoten werden besonders in Ägypten und dem Sudan verwendet.

Auch bei den Obstsorten fällt die große Vielfalt auf. Neben den traditionellen Datteln, Feigen, Zitrusfrüchten, Aprikosen, Pflaumen, Quitten, Äpfeln und Birnen, den Melonen, Trauben, Granatäpfeln und Maulbeeren etc., gibt es auch Kaktusfeigen, Mangos, Papayas und Guaven. Meist werden die Früchte einfach in roher Form genossen, ansonsten verarbeitet man sie zu Desserts, Marmeladen und Konfekt, oder macht sie in Sirup ein. Für den Winter werden einige

Sorten auch durch Trocknen konserviert, so zum Beispiel Feigen, Datteln, Aprikosen und Trauben, die auf den flachen Dächern ausgelegt und der Sonne ausgesetzt werden. Aus den getrockneten Schoten des Johannisbrotbaums gewinnt man durch Mahlen ein schokoladenähnliches Pulver, aus dem mit Wasser und Zucker ein Sirup hergestellt wird.

Nüsse, Samen und Hülsenfrüchte

Nüsse werden besonders in Syrien und dem Irak angebaut. Als wichtigste Sorte ist die Mandel zu nennen, die man einfach allen Gerichten beigeben kann. Beliebt sind ferner Wal- und Haselnüsse, Pistazien, Pinienkerne und im Sudan auch Erdnüsse. Diese sind eigentlich bohnenförmig und die Araber nennen sie dementsprechend »Ful Sudani«, sudanesische Bohnen.
Eine weitere, für die arabische Küche unentbehrliche Zutat ist der Sesam. Im großsyrischen Raum wird aus den geschälten, ungerösteten Samen das beliebte Tahin (Sesammus) hergestellt.
Der Anbau von Hülsenfrüchten ist von Land zu Land verschieden. Dies hängt wiederum von Klima und Bewässerung ab. So ist am Nil eine große Bandbreite an Bohnensorten anzutreffen: weiße, kleine rote, schwarze und Kidneybohnen, sehr große und kleinere Dicke Bohnen sowie die schnell gar werdenden, leider bei uns noch sehr unbekannten Schwarzaugenbohnen. Wegen ihres delikaten Geschmacks möchten wir sie besonders empfehlen. Bohnen werden sehr fantasievoll verwertet, zum Beispiel für fritierte Bohnenbällchen oder als Frühstückspaste mit Oliven-

öl. Gelbe und grüne Erbsen sind ebenfalls bekannt, aber nicht so beliebt. Aus ihnen bereitet man Eintöpfe und Suppen.

Kichererbsen werden überall verwendet, besonders aber in den Maghrebländern als Beigabe zu Kuskussaucen und im großsyrischen Raum für die berühmte Frühstückspaste »Hummus Tahina«, die aus Kichererbsen, Sesammus, Knoblauch, Salz, Olivenöl und Petersilie besteht. Dazu wird Brot gegessen. Ernährungsphysiologisch ist sie ein besonderes Phänomen, da die Eiweißkombination Kichererbsen-Sesammus-Weizen vollkommen dem tierischen Eiweiß gleichwertig ist. So kann sich auch die ärmere Bevölkerung durch entsprechende Zusammenstellungen sehr gut und vollwertig ernähren.

Linsen werden ebenfalls besonders im großsyrischen Raum angebaut. Da Hülsenfrüchte aber sehr lange haltbar und gut zu transportieren sind, findet man jede Sorte außer in den Herkunftsländern auch in den anderen arabischen Gebieten. Auf die sättigenden und wohlschmeckenden Hülsenfrüchte will man eben nicht verzichten.

Eier

Eier sind bei den Arabern sehr beliebt, dennoch gibt es selten ein Gericht, das mehr als ein Ei pro Person vorsieht. Der Grund hierfür ist bestimmt nicht in dem heutigen Wissen über die Gefahr eines zu hohen Cholesterinspiegels zu suchen. Vielmehr findet man schon in den ältesten Rezepten Eier selten als Einzelgerichte. Wahrscheinlich erkannte man damals bereits, daß sie nur in Kombination mit anderen Zubereitungen als harmonische Nahrung anzusehen sind. Auch die für uns so ungewöhnlich lange Kochzeit der »Gefärbten Eier« bekommt dadurch einen neuen Sinn. Natürlich mußten die Eier wegen des Färbeprozesses etwas länger sieden, dies erhöht aber außerdem die Verdaulichkeit des Eiweißes.

Die arabischen Hausfrauen bevorzugen Eier von freilaufenden Hühnern. Sie bezahlen sogar den doppelten Preis, nur um dafür die gewünschte Qualität zu erhalten. Und wenn jemand aufs Land fährt, sieht er es geradezu als Pflicht an, neben Gemüse und Obst auch gute Eier mitzubringen.

Fische und Schalentiere

Für die Küstenbewohner sind natürlich Fische die wichtigste Nahrungsquelle. Zu den arabischen Ländern gehören Fischgründe im Atlantik, Mittelmeer, Persischen Golf, Roten Meer und im Indischen Ozean. Überall sind auch Schalentiere sehr beliebt, besonders aber in der Golfregion, wo es viele verschiedene Zubereitungen für Muscheln und Garnelen gibt.

In den Maghrebländern und im Irak werden auch Süßwasserfische gefangen, ihre Bedeutung ist jedoch verhältnismäßig gering. Auch nimmt der Anteil der Fische an der Ernährung ab, je weiter man ins Landesinnere kommt. Dies liegt an den schlechten Transportmöglichkeiten und der großen Hitze. Die Bewohner stellen sich gar nicht erst auf Fischgenuß ein, denn sie wollen alles entweder frisch verzehren oder verzichten ganz darauf.

Fleisch und Geflügel

Obwohl es sehr viele köstliche, vegetarische Zubereitungen gibt, gehört für die meisten Araber Fleisch und Geflügel zu einem richtigen Essen dazu. Für die Beduinen ist Fleisch sogar das Hauptnahrungsmittel. Große geschmorte Stücke oder gegrillte ganze Tiere werden auf einem Reisberg serviert.

Da 90 Prozent der Araber Muslime sind, werden einige Fleischsorten in den arabischen Ländern nicht gegessen oder sind sogar überhaupt nicht erhältlich. So sind Schweinefleisch und Blut verboten, außerdem alles, was nicht im Namen Gottes geschlachtet wurde. Außerdem dürfen Maultiere und Esel nicht gegessen werden, wenn sie als Haustiere gehalten wurden. Alle Tiere müssen geschächtet werden. Mit einem sehr scharfen Messer wird die Kehle durchgeschnitten, so daß das Tier schnell getötet wird und das Blut gut ausfließen kann. Nur Kamele schlachtet man anders. Ein gezielt plazierter Einstich am Hals dringt bis ins Herz und tötet das Tier. Diese Methode ist die schnellste und bereitet dem Kamel die wenigsten Qualen.

Neben dem in allen arabischen Ländern bevorzugten Lammfleisch, wird hauptsächlich Rind, Ziege, Kamel und Kaninchen gegessen.

Bei Geflügel sind es die Hühner, die am häufigsten verzehrt werden. In Nordafrika hält man auch gerne Perlhühner, und in Ägypten werden Tauben gezüchtet. Truthahn und Wachteln sind ebenfalls sehr beliebt.

Außer in den weniger fruchtbaren Landstrichen, wo nur Zwiebeln und Gewürze das Fleisch ergänzen, werden Geflügel und Fleisch zumeist mit Gemüse oder Früchten zusammen gekocht. Umgekehrt reichern die Araber das Gemüse gerne mit etwas Fleisch oder zumindest Fleischbrühe an.

Die Gewürze

Gewürze sind die Seele eines jeden Gerichts. Ohne sie wäre die arabische Küche nicht denkbar. Als Händler dieser Kostbarkeiten hatten die Araber genügend Gelegenheit, die verschiedensten Samen, Blütenknospen, Rinden und Wurzeln für ihre eigene Küche zu entdecken und neue Geschmacksrichtungen zu kreieren. Von den Ländern an der alten Gewürzstraße aus verbreiteten sich die aromatischen Handelsgüter schnell bis in die entlegendsten Winkel der arabischen Welt.

Der indisch-pakistanische Einfluß hat sich am stärksten in der Golfregion niedergeschlagen. Hier wird die ganze Gewürzvielfalt als »Baharat«-Mischung in das Essen gegeben. Es wird weder an Menge, noch an Schärfe gespart. Um nach Art der Golfstaaten zu würzen, benötigt man hauptsächlich folgende Zutaten: schwarzen Pfeffer, Muskat, Koriander, Kardamom, Zimt, Kurkuma, Kreuzkümmel, Nelken, und besonders Safran und Rosenwasser. Beliebt als saure Würzzutat ist auch die Tamarinde, eine Schotenfrucht, die bei uns als getrocknete Paste erhältlich ist. Während in der Golfregion hauptsächlich auf den Geschmack des Pfeffers und Muskats Wert gelegt wird, lieben die Iraker einen größeren Anteil an Nelkenaroma in ihren Schmortöpfen. Sie verwenden auch viele Kräuter, wie zum Beispiel Minze, Majoran und Estragon. Eine besondere Zutat beider Küchen ist die Limone, die entweder als ganze Frucht getrocknet verwendet wird oder deren abgeriebene Schale. Limonen sind bei uns in asiatischen Geschäften erhältlich, man kann sie aber auch durch Zitronenschale ersetzen.

Im Jemen würzt man gerne mit scharfen Mischungen, die viel Cayennepfeffer enthalten. Auch frische Korianderblätter und die Samen des Bockshornklees sind sehr beliebt. Bockshornkleesamen sind in Deutschland wegen ihres an Suppengewürz erinnernden Aromas Bestandteil vieler Curry- und Kräutersalzmischungen.

Im großsyrischen Raum sind Kräuter sehr beliebt. Thymian, Majoran, Salbei, glattblättrige Petersilie, Portulak und viele mehr werden nicht nur in Würzmischungen und Salaten, sondern auch in den meisten anderen Gerichten großzügig verwendet. Eine Besonderheit stellt Sumak dar, die getrockneten und anschließend gemahlenen Beeren des Färbersumachs. Sie schmecken angenehm säuerlich und geben den damit bestreuten Speisen ein unnachahmliches Aroma.

Ägypter und Sudanesen haben eine besondere Vorliebe für Koriander und die verschiedenen Kümmelsorten. Dies ist sehr vorteilhaft, denn die Bewohner beider Länder essen gerne Bohnengerichte, welche bekanntlich durch die Zugabe von aromatischen und scharfen Gewürzen besser verdaulich werden.

Die Maghrebländer bevorzugen in ihren Gerichten Piment, Zimt und Ingwer als Aromaträger. In Salaten werden aber auch hier, wie in allen anderen arabischen Ländern frische Kräuter verwendet. Bei der Vorliebe der Tunesier und Marokkaner für frische oder getrocknete Pfefferschoten ist jedoch Vorsicht geboten. Man sollte bei der Befolgung der Rezepte mit einer ganz geringen Menge davon beginnen. Was für einen Tunesier noch nicht genug Harisa in der Suppe ist, kann einem Europäer schon den Mund verbrennen!

Die angegebenen Gewürzkombinationen sind zwar typisch, müssen aber nicht genau befolgt werden. Wer zum Beispiel dem Geschmack des Kreuzkümmels nichts abgewinnen kann, braucht sich nicht gleich das ganze Gericht zu verderben, indem er es mit einem vollen Teelöffel davon würzt!

Gewürze werden aber nicht nur des Geschmacks wegen dem Essen zugesetzt. Vielmehr steigern sie auch die Bekömmlichkeit und helfen die negativen Auswirkungen einiger Speisen zu neutralisieren. So spielt neben dem schon erwähnten Kümmel auch der Knoblauch eine große Rolle. Er hilft durch seine antibakterielle Wirkung die Harmonie im Darm aufrechtzuerhalten. Besonders gern fügt man ihn Fleischspeisen hinzu. Ein rechtes Maß an Schärfe verhindert Blähungen, die sich nach zu starkem Zwiebelgenuß einstellen können, und die aromatischen Gewürze wie Nelken, Zimt und Koriander stärken den Magen. Als Träger alten medizinischen Wissens haben die Araber bei der Gesundheitsvorsorge auch vor der Küche nicht halt gemacht.

Die Getränke

Das beliebteste und berühmteste Getränk der Araber ist der Kaffee. Allerdings wird er in der letzten Zeit stark von dem durststillenden, schwarzen Tee verdrängt.

Vor mehr als hundert Jahren standen in den Straßen der arabischen Städte auch viele Scharab-Verkäufer, die eine große Auswahl an süßen, erfrischenden Getränken anboten. Auch heute noch sieht man sie an fast jeder Straßenecke mit ihren Bauchläden. Neben zumeist modernen Limonaden gibt es auch viele andere fantasievolle und erfrischende Getränke. Durch das Alkoholverbot ist ihre Anzahl besonders groß. Fruchtsäfte, Gewürzgetränke und Tees werden zubereitet.

In diesem Buch stellen wir einige dieser traditionellen Getränke vor, die in ihrer Zusammensetzung auch wegen der medizinischen Wirkung geschätzt werden. In heißen Ländern ist meist das willkommen, was befeuchtend und kühlend wirkt. So hält zum Beispiel Süßholz Wasser im Körper zurück, und von Trauben weiß man, daß sie bei durch Hitze verursachter Erschöpfung aufbauend wirken.

Die Eßgewohnheiten der Araber

In den arabischen Ländern gibt es kein einheitliches Frühstück. So essen die Ägypter zum Frühstück gerne Brot mit fritierten Bohnenbällchen, während im syrischen Raum Schafkäse, Eier und Oliven zum Brot bevorzugt werden.

Deutlicher macht sich jedoch der soziale Unterschied zwischen Bauern, Städtern und Beduinen bemerkbar. Dieser ist nicht von den materiellen Gegebenheiten abhängig, sondern vielmehr von der für die Frühstückszubereitung zur Verfügung stehenden Zeit. Der Bauer, der in der Frühe aufstehen muß, begnügt sich zumeist mit Brot, Käse, Olivenöl und Kräutern. Der Städter hingegen, der etwas später zur Arbeit geht, ist schon etwas anspruchsvoller und genießt gerne ein

Frühstück, welches mit größerem Zeitaufwand verbunden ist. Das kann zum Beispiel eine Kichererbsen-Sesam-Paste oder ein Eierkuchen sein. Dies haben in letzter Zeit kluge Geschäftsleute entdeckt, die sich nun auf die Zubereitung solcher Frühstücksgerichte spezialisiert haben. Und seitdem sieht man morgens die Kinder mit Schüsseln in der Hand vor den Imbißstuben Schlange stehen, um das Frühstück zu holen, bevor sie in die Schule müssen.

Für den Beduinen hat das Frühstück keine besondere Bedeutung. Er nimmt sich nur ein paar Datteln als Wegzehrung mit, wenn er zur Weide geht und trinkt etwas von der vorzüglichen Kamelmilch.

Das Mittagessen ist in der Regel die Hauptmahlzeit der Araber. Es gibt ein kräftiges, warmes Essen, wie Eintopf, Reis, Kuskus oder Brot mit Fleisch und Gemüse. Im Sommer jedoch, wenn die Hitze sehr stark ist, verschiebt man das warme Essen auf den Abend und nimmt statt dessen nur eine leichte Mahlzeit zu sich. Diese besteht zumeist aus Salat mit Brot und Eingelegtem.

Das Abendessen unterscheidet sich kaum vom Mittagessen. Hier wird jedoch Gebratenes und Gegrilltes dem Geschmorten vorgezogen.

Als Nachspeise sind süße Desserts, Kuchen und Konfekt beliebt, dazu wird selbstverständlich der obligatorische Kaffee gereicht.

Die Gastfreundschaft

Für jeden Araber ist Gastfreundschaft eine heilige Pflicht, die man nicht vernachlässigen darf. Immer findet sich ein Anlaß zu feiern und Gäste einzuladen.

Dies kann eine Heirat, die Geburt eines Kindes oder die glückliche Heimkehr eines Reisenden sein. Wer über die entsprechenden Mittel verfügt, schlachtet dann zumindest ein Schaf und bereitet ein großes Festessen zu.

Um der Tradition des Propheten Folge zu leisten, ist der Gastgeber verpflichtet, auch einige arme Leute zum Essen einzuladen. Kein Gast darf eine Einladung ohne einen zwingenden Grund ablehnen. Wenn unerwartete Besucher kommen, gilt es als heilige Pflicht, sie zumindest einen Tag und eine Nacht zu beherbergen, zu beköstigen und unter den Schutz des Hauses zu stellen. Auch dies darf nicht ohne weiteres verweigert werden. Will man der Gastfreundschaft jedoch richtig nachkommen, so läßt man den Besuch bis zu drei Tagen bei sich verweilen. Danach sollte der Gast von sich aus gehen, es sei denn, er wird vom Gastgeber ausdrücklich zum Bleiben aufgefordert.

Besucher sollten auch die Rituale beachten. Vor den Mahlzeiten muß sich jeder die Hände waschen. Teilweise wird diese Waschung noch nach alter Sitte vollzogen, indem ein Diener den Gästen der Reihe nach eine Schüssel, ein Stück Seife und ein Handtuch reicht und ihnen dann aus einer Kanne lauwarmes Wasser über die Hände gießt. Damit kommt man dem Reinlichkeitsgebot nach. Bei festlichen Anlässen wird das Wasser noch mit Rosen- oder Orangenblütenwasser parfümiert. Auf traditionelle Weise sitzt man auf großen Kissen auf dem Teppich. In der Mitte der Runde wird ein großes Tuch ausgebreitet, auf dem die Platten und Schüsseln mit den Speisen serviert werden. Dann sagt der Gastgeber: »Eßt, im Namen Allahs, des Gnädigen und Barmherzigen!« Nun beginnen alle zu essen, wobei nur die rechte Hand benutzt werden darf. Die linke ist nur als Hilfe, beispielsweise beim Zerteilen von Fleisch erlaubt. Feste Speisen greift man mit drei Fingern der rechten Hand, Suppen werden aus Schalen getrunken. Es entspricht auch der Höflichkeit, langsam zu essen und nur kleine Bissen zu sich zu nehmen. Der Gastgeber darf nichts von den aufgetragenen Speisen entfernen, bevor nicht alle Gäste das Essen beendet haben. Danach sprechen diese ein Bittgebet für den Gastgeber, und alle waschen sich erneut die Hände. Dann werden die Getränke, zumeist Kaffee, serviert. Der Älteste der Anwesenden bekommt zuerst eingeschenkt und dann alle anderen, der Reihe nach von rechts nach links. Zuletzt lehnen sich die Männer gemütlich in ihre Kissen zurück, unterhalten sich und schmauchen an ihrer Wasserpfeife.

Suppen und Eintöpfe

PALÄSTINA

Knochensuppe
Schurbat 'Azm

Knochen eines kleinen
Lammes
3 EL Olivenöl
1 Knoblauchknolle
1 TL Rosenpaprika

$^1\!/_2$ TL Pfeffer
1 EL Thymian
Salz
200 g Fadennudeln

Die Knochen aufbrechen, so daß das Mark freiliegt. In einen großen Topf geben, mit 4 l Wasser bedecken und zum Kochen bringen. Bei mittlerer Hitze ca. 3 Stunden köcheln lassen, bis sich die Flüssigkeit auf 1 l reduziert hat. Durch ein feines Haarsieb in einen anderen Topf sieben.
In einer Pfanne das Öl erhitzen. Knoblauch fein hakken und darin anbraten. Gewürze und Salz dazugeben und kurz mit anrösten. Mit einem Schöpflöffel Brühe ablöschen und in den Topf geben.
Fadennudeln in kleine Stücke brechen und hinzufügen. Die Suppe noch 20 Minuten köcheln lassen.

Kreuzkümmelsuppe
Schurbat Kammun

Diese Suppe ist eine Spezialität der Zigeuner. Sie ist eine Delikatesse für all die, die den aromatischen Geschmack des Kreuzkümmels lieben.

500 g Knochen mit
Fleischresten
4—5 EL ganzer Kreuz-
kümmel (in asiatischen
Läden erhältlich)
1 kleines altbackenes
Fladenbrot
¼ l Milch
2 Eier
2 EL Olivenöl

3 Lauchzwiebeln
50 g frische Malven-
blätter
1 kleines Lamm-
würstchen
1 EL Rosenpaprika
½ TL Curry
½ TL frischgemahlener
schwarzer Pfeffer
Salz

Die Knochen in einen großen Topf mit 2 l Wasser geben und zum Kochen bringen. Bei milder Hitze 1 Stunde köcheln lassen, dann den Kreuzkümmel hinzufügen und noch 30 Minuten weiterkochen lassen. Durch ein sehr feines Sieb geben und die Brühe auffangen.
Die Milch erwärmen und das Brot darin einweichen. In einem anderen Topf das Öl erhitzen. Von den Lauchzwiebeln etwas Grün beiseite legen. Die Zwiebeln fein hacken und in dem Öl kurz anbraten. Die Malvenblätter klein schneiden, hinzufügen und 5 Minuten andünsten.
Das Würstchen grob würfeln und mit den Gewürzen und Salz ebenfalls in den Topf geben. Kurz anrösten,

dann mit der Fleischbrühe ablöschen. Alles zum Kochen bringen.

Das Brot zerdrücken und mit den Eiern verquirlen. In die Suppe geben und noch 5 Minuten köcheln lassen. Abschmecken und eventuell nachsalzen.

Zum Schluß den Zwiebellauch in kleine Röllchen schneiden und über die fertige Suppe geben.

LIBANON

Mangold-Joghurt-Suppe
Labanija ma' Silq

500 g Mangold	*frischgemahlener*
2 EL Olivenöl	*schwarzer Pfeffer*
5 Lauchzwiebeln	*Salz*
100 g Reis	*500 g Joghurt*
1 TL Kurkuma	*3 Knoblauchzehen*
1 TL Koriander	

Die Mangoldblätter gründlich waschen und grob hakken.

Öl in einem großen Topf erhitzen. Die Lauchzwiebeln fein hacken und darin anbraten. Reis, Gewürze und Salz hinzufügen und kurz mit anrösten. Den Mangold hineingeben und mit 1 l Wasser ablöschen. Zum Kochen bringen und zugedeckt 20 Minuten köcheln lassen.

Knoblauch in einem Mörser zerdrücken und mit dem Joghurt verrühren. In die Suppe geben und erhitzen, aber nicht mehr kochen lassen, da sonst der Joghurt gerinnt. Sofort servieren.

Gemüsesuppe

Harira

Diese Suppe wird meist zur Zeit des Ramadan nach Sonnenuntergang gegessen.

500 g Möhren	½ TL Ingwer
½ Sellerieknolle	1 Prise Zimt
4 Tomaten	Pfeffer
1 Bund Lauchzwiebeln	Salz
3 EL Olivenöl	1 Bund Korianderblätter
200 g Lamm- oder	100 g Fadennudeln
Hühnerfleisch	2 Eier
1 TL Kurkuma	Saft von ½ Zitrone

Möhren und Sellerie schälen und in kleine Stücke schneiden. Tomaten würfeln.

Die Zwiebeln fein hacken. Öl in einem großen Topf erhitzen, die Zwiebeln darin andünsten.

Das Fleisch sehr fein würfeln, hineingeben und rundherum anbraten. Gewürze und Salz hinzufügen und kurz umrühren. Mit 1½ l Wasser ablöschen, zum Kochen bringen und zugedeckt 30 Minuten köcheln lassen.

Die Fadennudeln dazugeben und noch 15 Minuten kochen lassen.

Korianderblätter fein hacken, hinzufügen und weitere 5 Minuten köcheln lassen.

Zitronensaft und Eier hineingeben und kurz umrühren. Heiß servieren.

Bohnensuppe
Schurbat Fasulija

300 g getrocknete
Bohnen (jede beliebige
Sorte, auch gemischt)
2 EL geklärte Butter
2 Gemüsezwiebeln
1 kleine Knoblauch-
knolle

100 g Fadennudeln
1 TL Kreuzkümmel
frischgemahlener
schwarzer Pfeffer
Salz
5 Lorbeerblätter

Bohnen verlesen, waschen und mit Wasser bedeckt über Nacht einweichen. Absieben und das Einweichwasser fortgießen.
Die Bohnen durch die feine Scheibe eines Fleischwolfs drehen. In einen Topf geben, mit 2 l Wasser bedecken und zum Kochen bringen. Bei mittlerer Hitze 20 Minuten kochen lassen.
In einem anderen Topf die geklärte Butter erhitzen. Zwiebeln und Knoblauchzehen fein schneiden und darin anbraten.
Die Fadennudeln zwischen den Händen in sehr kleine Stücke brechen und mit den Gewürzen und Salz hinzufügen. Kurz mit anrösten, dann alles zu den Bohnen geben.
Die Lorbeerblätter hinzufügen, und alles noch 10 Minuten bei halbgeschlossenem Deckel kochen lassen.
Vor dem Servieren die Lorbeerblätter entfernen.

Kichererbsensuppe
Schurbat Hummus

Diese Suppe stammt von den nordafrikanischen Zigeunern. Entsprechend ihrer Küchentradition, immer das zu verwenden, was gerade vorhanden ist, kann man die Zutaten beliebig variieren, ohne den besonderen Charakter der Suppe zu verändern.

200 g Kichererbsen
200 g grüne Bohnen
200 g Zucchini
3 süße Äpfel
Salz
15 Mandeln
½ kleines Fladenbrot
3 Knoblauchzehen
4 EL Olivenöl

3 Fleischtomaten
3 Lauchzwiebeln
¼ TL Safran
Rosenpaprika
frischgemahlener
schwarzer Pfeffer
frische Minzeblätter zum
Bestreuen

Die Kichererbsen in einem großen Topf mit 2 l Wasser über Nacht einweichen. Am nächsten Tag zum Kochen bringen und zugedeckt auf kleiner Flamme 1 Stunde köcheln lassen.
Bohnen waschen, entfädeln und klein schneiden. Die gewaschenen, ungeschälten Zucchini in Scheiben schneiden. Äpfel schälen, entkernen und fein würfeln. Alles mit Salz zu den Kichererbsen geben und noch 20 Minuten kochen lassen.
Die Mandeln mit kochendem Wasser überbrühen und enthäuten. Das Brot in kleine Stücke rupfen, Knoblauchzehen schälen. Beides mit den Mandeln in einer Pfanne mit 2 EL heißem Öl knusprig braun rö-

sten, dabei ständig umrühren. Aus der Pfanne nehmen und beiseite stellen.

Tomaten mit kochendem Wasser übergießen und die Haut abziehen. In Würfel schneiden. Die Lauchzwiebeln fein hacken und in der Pfanne mit dem restlichen Öl gut anbraten. Dann die Tomatenstücke hinzufügen und kurz weiterdünsten.

Die Brot-Mandel-Mischung mit etwas Wasser in einem Mixer pürieren und mit dem Pfanneninhalt in den Topf geben.

Safran in etwas Suppenbrühe auflösen und mit den anderen Gewürzen hinzufügen. Alles zusammen noch etwa 20 Minuten köcheln lassen.

Die Minzeblätter grob hacken, über die Suppe streuen und sofort servieren.

Grießsuppe
Schurbat Samid

250 g gekochte Fisch-
oder Fleischreste
2 EL Olivenöl
4 Knoblauchzehen
1 TL Kreuzkümmel
1 TL Rosenpaprika
½ TL zerstoßener Piment
½ TL Cayennepfeffer

Salz
2 Fleischtomaten
200 g Hartweizengrieß
1 EL Kapern
1 kleines Sträußchen
frische Minze
Zitronenachtel zum
Beträufeln

Die Fisch- oder Fleischreste in kleine Würfel schneiden.
Öl in einem großen Topf erhitzen. Die Knoblauch-
zehen grob hacken und darin anbraten. Gewürze
und Salz darüberstreuen. Die Fisch- oder Fleischstük-
ke dazugeben und weiterbraten.
Tomaten würfeln, mit etwas Wasser vermischen und
in den Topf geben. Etwas anschmoren, dann mit 1½ l
Wasser ablöschen. Zum Kochen bringen, den Grieß
hineinstreuen und etwa 20 Minuten köcheln lassen.
Kapern hinzufügen und den Topf vom Feuer nehmen.
Die Suppe zugedeckt 10 Minuten ziehen lassen.
Minze fein hacken und darüberstreuen.
Heiß servieren und Zitronenachtel dazu reichen.

Bauerneintopf

Tandscharat al-Fallah

150 g Kichererbsen
4 Möhren
75 g Reis
200 g Steiß vom Schaf
5 Lauchzwiebeln
5 Knoblauchzehen
2 Paprikaschoten

1 TL zerstoßener
Koriander
$\frac{1}{2}$ TL Kreuzkümmel
$\frac{1}{2}$ TL Cayennepfeffer
Salz
2 hartgekochte Eier
1 Bund glattblättrige
Petersilie

Kichererbsen in einem Topf mit 2 l Wasser 24 Stunden einweichen. Dann zum Kochen bringen und 1 Stunde köcheln lassen.

Möhren schälen, in Scheiben schneiden und mit dem Reis dazugeben.

Den Steiß in sehr kleine Stücke schneiden, in einen Topf geben und 3 Minuten erhitzen. Lauchzwiebeln, Knoblauch und Paprikaschoten klein schneiden, hinzufügen und unter ständigem Rühren 10 Minuten anbraten.

Gewürze und Salz darüberstreuen und kurz weiterrühren. Alles zu den Kichererbsen geben und zusammen noch 30 Minuten köcheln lassen.

Die hartgekochten Eier in kleine Würfel schneiden und zum Schluß in den Eintopf rühren.

Mit der feingewiegten Petersilie bestreuen und sofort servieren.

Zitronenscheiben zum Beträufeln sowie Fladenbrot dazu reichen.

Linseneintopf

Tandscharat 'Adas

(Foto gegenüber S. 80)

200 g braune Linsen
100 g geschälte rote
Linsen
5 EL Olivenöl
5 Knoblauchzehen
5 Lauchzwiebeln
2 große Kartoffeln

1 rote Paprikaschote
3 Fleischtomaten
3 Kohlblätter
1—3 Pfefferschoten
1 TL Rosenpaprika
Salz

Linsen verlesen, waschen und abtropfen lassen.
Die braunen Linsen in eine Schüssel geben, mit Wasser bedecken und 2 Stunden einweichen. Dann mit dem Einweichwasser in einen großen Topf geben und mit so viel Wasser auffüllen, daß die gesamte Wassermenge 2 l beträgt. Zum Kochen bringen und zugedeckt 20 Minuten bei mittlerer Hitze kochen lassen. Dann die roten Linsen hinzufügen.
Das Öl in einer Pfanne erhitzen. Knoblauch und Lauchzwiebeln grob hacken und in dem Öl anbraten. Zu den Linsen geben.
Kartoffeln, Paprika und Tomaten grob würfeln. Die Kohlblätter klein schneiden und die Pfefferschoten fein hacken. Alles in den Topf geben.
Rosenpaprika und Salz hinzufügen und das Ganze noch weitere 20 Minuten kochen lassen.
Heiß mit Brot und Radieschen servieren.

Gebackener Weizeneintopf
Tandscharat Qamh bi-l-Furn

500 g ganzer Hartweizen	2 EL Rosinen
200 g getrocknete weiße	1 kleine Zimtstange
Bohnen	$\frac{1}{2}$ TL Ingwer
10 Perlzwiebeln	$\frac{1}{4}$ TL Safran
1 Knoblauchknolle	Pfeffer
5 EL Olivenöl	Salz
2 Paprikaschoten	4 hartgekochte Eier zum
1 Pfefferschote	Garnieren

Weizen und Bohnen verlesen und getrennt in Schüsseln geben. Mit Wasser bedecken und über Nacht einweichen. Abseihen und das Weizenwasser aufbewahren.

Öl in einer Pfanne erhitzen. Die geschälten, aber ganzen Zwiebeln und Knoblauchzehen darin kurz anbraten.

Paprika in große Stücke schneiden, die Pfefferschote fein hacken.

Alle Zutaten miteinander vermischen und in eine feuerfeste Tonform geben. Das Weizen-Einweichwasser abmessen und mit Wasser auf $1\frac{1}{2}$ l ergänzen. In die Form gießen und den Deckel fest daraufsetzen.

Auf der mittleren Schiene im Ofen bei 225° 2 Stunden garen.

Die Eier vierteln und darauflegen.

Bauernsalat ▷
(Rezept S. 103)

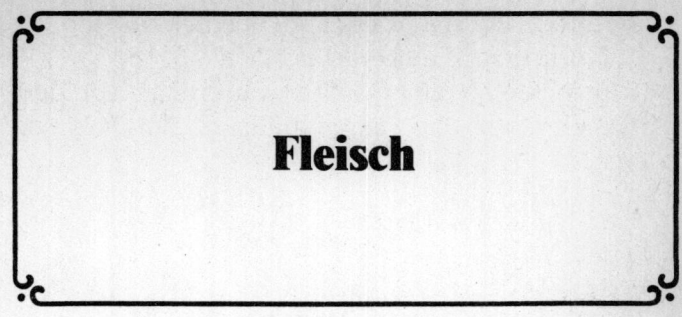

Fleisch

BAHRAIN

Gewürztes Lammfleisch
Lahm Kharuf bi-l-Baharat

1½ kg Lammfleisch
3 Zwiebeln
2 EL Butterfett
100 g Pistazienkerne
100 g Sultaninen
½ TL ganze, schwarze
Pfefferkörner
5 Nelken

1 TL Rosenpaprika
1 TL Kurkuma
½ TL geriebener Muskat
½ TL Koriander
¼ TL Zimt
Salz
5 EL Rosenwasser
1 Msp Safran

Das Fleisch waschen, trockentupfen und in kleine Würfel schneiden. In einen Topf geben, mit 1½ l Wasser bedecken und zum Kochen bringen. Bei geschlossenem Deckel 45 Minuten kochen lassen.
Alle Zutaten, bis auf Rosenwasser und Safran zufügen, den Deckel so aufsetzen, daß ein kleiner Spalt

◁ oben: *Anisbrot* (Rezept S. 142)
u. l.: *Gewürzbrötchen* (Rezept S. 143)
u. r.: *Hirsebrot* (Rezept S. 140)

offen bleibt und noch etwa 45 Minuten kochen lassen, bis die Sauce eingedickt ist.
Safran in Rosenwasser auflösen und kurz vor dem Servieren über das Fleisch träufeln. Auf Reis servieren.

Lamm-Dattel-Schmortopf
Makhbus Kharuf wa Rutab

1 kg Lammrücken
4 EL Butterfett
1 EL abgeriebene
Limonenschale
½ TL Muskatblüte

frischgemahlener
schwarzer Pfeffer
Salz
500 g frische, reife
Datteln
200 g Rosinen

Das Fleisch von den Knochen lösen und in 8 Stücke schneiden.
Butterfett in einem großen Topf erhitzen. Das Fleisch darin von allen Seiten braun anbraten. Die Gewürze und Salz darüberstreuen und mit anrösten. 1 l Wasser angießen, zum Kochen bringen und zugedeckt 1 Stunde köcheln lassen.
Datteln entkernen und mit den Rosinen in ein Sieb geben. Unter fließendem Wasser waschen, dann abtropfen lassen und zu dem Fleisch geben. Weitere 15 Minuten köcheln lassen, falls nötig noch etwas Wasser hinzugießen. Auf Reis servieren.

Gegrillte Lammschulter
Katif Kharuf Maschwi

1 kleine Lammschulter	2 EL Limettenpulver
	1 TL Cayennepfeffer
Für die Marinade:	1 TL Kreuzkümmel
⅛ l Öl	1 TL zerstoßener Piment
⅛ l Dattel- oder weißer	1 TL Zimt
Essig	½ TL frischgeriebener
15 Knoblauchzehen	Muskat
Salz	

Von der Lammschulter das Fett entfernen. Es kann als Bratfett anderweitig verwendet werden. In die fleischige Seite der Schulter 5 tiefe Einschnitte bis auf den Knochen machen.

Für die Marinade Öl und Essig in eine große Schüssel geben. Knoblauch mit Salz in einem Mörser zerdrükken und mit den Gewürzen und Salz darunterrühren. Die Lammschulter gut mit der Mischung einpinseln, dann hineinlegen und 2—3 Stunden marinieren.

Die Schulter herausnehmen. Die Marinade durch ein Sieb gießen und die zurückbleibenden Gewürze in die Einschnitte streichen.

Über glühender Holzkohle zuerst die flache Seite 10 Minuten grillen, dann wenden und die andere Seite 10 Minuten grillen. Mit etwas Marinade einpinseln und noch 20—30 Minuten grillen, dabei die Schulter alle 5 Minuten wenden und immer wieder mit Marinade einpinseln.

Das Fleisch ist gar, wenn es sich fest anfühlt.

Geschmorte Lammrippchen
Adla' l-Kharuf

8 Lammrippchen	½ TL frischgeriebener
6 EL Butterfett	Muskat
1 getrocknete Limone	½ TL Kreuzkümmel
3 große Zwiebeln	¼ TL Kardamom
3 Pfefferschoten	Salz
500 g frische, gepalte	
Erbsen	

Die Rippchen gut waschen, kleine Splitter entfernen und das Fleisch trockentupfen.

3 EL Butterfett in einem flachen Topf erhitzen. Die Rippchen darin rundherum braun anbraten, dann mit ½ l Wasser aufgießen. Die Limone einstechen und hinzufügen. Den Deckel aufsetzen, aber einen kleinen Spalt offenlassen, damit der Dampf entweichen kann. Bei mittlerer Hitze ca. 30 Minuten köcheln lassen, bis die Flüssigkeit vollständig eingekocht ist. Die Limone herausnehmen.

Zwiebeln in Ringe schneiden, Pfefferschoten fein hacken. Das restliche Fett in einer Pfanne erhitzen. Zwiebeln, Pfefferschoten und Erbsen darin unter Rühren anbraten. Gewürze und Salz hinzufügen, kurz weiterrühren und mit ¼ l Wasser ablöschen. Zu den Rippchen geben.

Alles zusammen unter häufigem Rühren noch 15 Minuten weiterkochen lassen.

Lamm-Kastanien-Schmortopf

Maraqat Kharuf ma' Kastana'

30 frische Eßkastanien
1 kg Lammfleisch
5 EL Olivenöl
frischgemahlener
schwarzer Pfeffer

½ TL Kurkuma
¼ TL Zimt
¼ TL Ingwer
Salz
200 g Sultaninen

Die Kastanien am offenen Grill oder im Backofen bei 250° so lange erhitzen, bis sie aufplatzen. Etwas abkühlen lassen, dann schälen.

Das Fleisch in mittelgroße Würfel schneiden. Öl in einem großen, flachen Topf erhitzen, die Fleischwürfel hineingeben und unter Rühren ca. 10 Minuten anbraten. Die Kastanien, Gewürze und Salz hinzufügen und kurz weiterrühren. Mit 1 l Wasser ablöschen. Zum Kochen bringen und 45 Minuten köcheln lassen. Sultaninen waschen, abtropfen lassen und hinzufügen.

Das Ganze noch etwa 30 Minuten köcheln lassen, bis das Fleisch gar ist.

Auf Kuskus oder Reis servieren.

Rindfleisch-Tomaten-Schmortopf
Makhbus

7 Knoblauchzehen	½ TL zerstoßener Piment
3 große Zwiebeln	½ TL Zimt
3 EL Butterfett	¼ TL gemahlene Nelken
1 kg Rindfleisch	Salz
1 TL Kurkuma	2 EL Tomatenmark
½ TL Kardamom	1 kg Tomaten

Die Knoblauchzehen schälen und ganz lassen, die Zwiebeln vierteln. Butterfett in einem Topf erhitzen, und beides darin unter ständigem Rühren ca. 3 Minuten anrösten.

Das Fleisch in 8 Stücke schneiden, hineingeben und von allen Seiten anbraten. Gewürze und Salz darüberstreuen.

Tomatenmark in 1 l Wasser auflösen und darübergießen. Alles zum Kochen bringen und 1 Stunde köcheln lassen.

Tomaten fein hacken, dazugeben und noch etwa 1 Stunde köcheln lassen, bis die Sauce dickflüssig wird.

Zum Servieren gibt man gekochten Reis auf eine Platte und häuft das Fleisch mit der Sauce darauf.

Fleisch-Linsen-Schmortopf
Tadschin Lahmu wa 'Adas

300 g braune Linsen	3 Gemüsezwiebeln
50 g Nierenfett vom Kalb	500 g Kürbis
1 Knoblauchknolle mit	2 Quitten
Grün	2 Äpfel
½ TL Koriander	½ TL Cayennepfeffer
500 g Kalbsschnitzel	Salz

Die Linsen in einen Topf geben, mit 1 l Wasser bedecken und 2 Stunden einweichen.

Das Fett fein hacken und in einem großen Topf zerlassen. Knoblauch grob hacken und mit dem Koriander darin kurz anbraten.

Das Fleisch in ca. 1 cm dünne und 3 cm lange Streifen schneiden. In den Topf geben und anbraten.

Die Zwiebeln halbieren und in Monde schneiden. Kürbis und Quitten schälen und grob würfeln. Zu dem Fleisch geben und mit anbraten.

Die Linsen mit dem Einweichwasser in den Topf gießen und alles zum Kochen bringen. Zugedeckt bei mittlerer Hitze 45 Minuten köcheln lassen.

Die Äpfel würfeln, mit dem Cayennepfeffer, Salz und eventuell noch etwas Wasser dazugeben. Weitere 30 Minuten kochen lassen.

Zu Kuskus oder frischem Brot servieren.

Kalbfleisch mit Früchten
Lahm 'Idschl ma' Fawakih

Von den Früchten können einige nach Belieben aus-
getauscht oder weggelassen werden. Das richtet sich
ganz nach der Jahreszeit und dem jeweiligen Angebot. Auch Trockenfrüchte können verwendet werden.
Diese weicht man dann über Nacht in Wasser ein.

1 kg Kalbfleisch	*1 Quitte*
5 EL Olivenöl	*2 Orangen*
4 Zwiebeln	*1 Apfel*
1 TL Zimt	*10 Aprikosen*
½ TL Cayennepfeffer	*10 frische Datteln*
Salz	

Das Fleisch waschen und in Würfel schneiden.
Öl in einem großen Topf erhitzen. Die Zwiebeln grob
hacken und darin glasig dünsten. Die Fleischwürfel
dazugeben und von allen Seiten braun anbraten. Gewürze und Salz hinzufügen und kurz unter Rühren
mit anrösten. Mit 1 l Wasser bedecken, zum Kochen
bringen und zugedeckt 1½ Stunden schmoren lassen.
Quitte, Orangen und den Apfel schälen, entkernen
und in kleine Würfel schneiden. Aprikosen und Datteln entsteinen und ebenfalls klein schneiden.
Die Fruchtwürfel zu dem Fleisch geben und bei milder Hitze zugedeckt noch 30 Minuten köcheln lassen. Dabei gelegentlich umrühren.
Zu Kuskus oder Reis servieren.

Geschmorte Hackbällchen
in Tomatensauce
Lahma Mafruma bi-s-Salsa

100 g Steiß vom Schaf
750 g Lammhack
1 gehäufter TL Rosen-
paprika
1 TL Limettenpulver,
ersatzweise abgeriebene
Zitronenschale
½ TL frischgeriebene
Muskatnuß
½ TL Kardamom
¼ TL Kreuzkümmel

1 Prise Zimt
Cayennepfeffer
frischgemahlener
schwarzer Pfeffer
Salz
2 EL Butterfett
500 g Fleischtomaten
3 EL Tomatenmark
gekochter Reis als
Beilage

Den Steiß in sehr kleine Würfel schneiden, in eine Pfanne geben und langsam erhitzen. Dabei so lange rühren, bis das Fett zerlassen ist. Vom Feuer nehmen. Hackfleisch, Gewürze und Salz vermengen und daraus kleine, feste Bällchen formen. In der Pfanne kurz von allen Seiten anbraten.

2 EL Butterfett in einem Topf erhitzen. Die Tomaten sehr fein hacken und darin unter ständigem Rühren ca. 5 Minuten schmoren. Tomatenmark in ¾ l Wasser verrühren und darübergießen.

Die Fleischbällchen mit dem restlichen Fett in die Sauce geben. Den Deckel halb aufsetzen und alles auf kleiner Flamme etwa 20 Minuten schmoren lassen.

Reis auf einer Platte anrichten und die Fleischbällchen mit der Sauce darübergießen.

Sofort servieren und Joghurt dazu reichen.

Hackfleischbällchen in Sesamsauce
Kabab ma' Tahina

500 g Lammhack
3 mittelgroße Zwiebeln
1 kleines Sträußchen
Petersilie
3 zerstoßene Piment-
körner
1 Prise Zimt
Cayennepfeffer

Salz
Paniermehl
2 EL Olivenöl
8 kleine Kartoffeln
4 rote Paprikaschoten
100 g Sesammus
Saft von 1 Zitrone

Das Hackfleisch in eine große Schüssel geben. Zwiebeln und Petersilie fein hacken. Gewürze und Salz dazugeben und alles mit etwas Paniermehl gut verkneten. Aus der Masse kleine ovale Bällchen formen. Eine flache, feuerfeste Form mit dem Olivenöl ausfetten, und die Bällchen hineinlegen.

Kartoffeln schälen, ganz lassen und ebenfalls in die Form legen. Im vorgeheizten Ofen bei 250° 30 Minuten backen.

Die Paprikaschoten halbieren, Stengel und Kerne entfernen. Die Form aus dem Ofen nehmen und die Paprikahälften hineingeben.

Sesammus mit dem Zitronensaft und ½ l Wasser verrühren und über die Fleischbällchen und das Gemüse gießen.

Erneut in den Ofen schieben und noch 20 Minuten weiterbacken. Heiß servieren.

Gebratenes Kalbsherz

Qalb 'Idschl Maqli

(Foto gegenüber S. 81)

1 kg Kalbsherz	1 EL Rosenpaprika
5 rote Paprikaschoten	1 TL Kurkuma
3 mittelgroße Zwiebeln	1 TL Kreuzkümmel
5 EL Butterfett	Salz

Das Herz waschen, trockentupfen, Fett und Sehnen entfernen. In kleine Würfel schneiden.

Von den Paprikaschoten den Stiel abschneiden und die Kerne entfernen. In kleine Stücke schneiden.

Die Zwiebeln fein hacken. Butterfett in einer großen Pfanne erhitzen und die Zwiebeln darin goldgelb anbraten. Die Fleischstücke dazugeben und unter ständigem Rühren ca. 10 Minuten anbraten.

Paprika, Gewürze und Salz hinzufügen und kurz weiterbraten. Dann mit $\frac{1}{4}$ l Wasser ablöschen und bei milder Hitze 15 Minuten schmoren lassen. Die Flüssigkeit sollte vollständig verdampft und das Fleisch gar sein.

Heiß mit Brot, schwarzen Oliven und Pfefferschoten servieren.

Leber-Nieren-Pfanne

Kabid wa Kila Maqlija

(Foto gegenüber S. 81)

500 g Leber	1 EL Kapern
500 g Nieren	Salz
1 Knoblauchknolle	1 Bund Korianderblätter
5 EL Butterfett	oder glattblättrige Peter-
3—5 rote Pfefferschoten	silie

Leber und Nieren gründlich waschen. Von den Nieren die Haut abziehen und das Innere entfernen. In einer Schüssel mit kaltem Wasser 1 Stunde wässern. Dann herausnehmen und trockentupfen. Leber und Nieren in kleine Würfel schneiden.

Die Knoblauchzehen fein hacken. Das Fett in einer großen Pfanne erhitzen und die Knoblauchstückchen darin unter Rühren anbraten. Die Fleischstücke dazugeben und etwa 10 Minuten braten.

Pfefferschoten sehr fein hacken, mit den Kapern und Salz zufügen und noch 3 Minuten weiterbraten.

Die Korianderblätter fein hacken und darüberstreuen.

Geflügel und Kaninchen

Hühnerschenkel mit Currysauce
Dadschadsch bi-Salsat l-Kari

4 Hühnerschenkel	1 EL Curry
5 EL Butterfett	schwarzer Pfeffer
5 große Zwiebeln	Salz

Die Hühnerschenkel unter fließendem Wasser waschen und trockentupfen.

Butterfett in einer großen Pfanne erhitzen. Die Hühnerschenkel hineingeben und von beiden Seiten braun anbraten. Herausnehmen und in einen Topf legen.

Zwiebeln in Ringe schneiden und in der Pfanne glasig dünsten. Falls nötig, noch etwas Fett hinzufügen. Dann die Gewürze und Salz darüberstreuen und kurz anbraten. Zu den Hühnerschenkeln geben.

Mit ¾ l Wasser aufgießen und zum Kochen bringen. Den Deckel daraufsetzen, aber einen Spalt offenlas-

sen, damit der Dampf entweichen kann. Bei mittlerer Hitze ca. 45 Minuten köcheln lassen.
Mit Reis oder Brot und Salat servieren.

Gebackenes Hähnchen auf Gemüse
Dadschadsch bi-l-Furn ma' Khudar

2 kleine Hähnchen
Rosenpaprika
frischgemahlener
schwarzer Pfeffer
Salz
3 EL Olivenöl

8 kleine Kartoffeln
4 kleine Möhren
4 Spitzpaprika
4 Blumenkohlröschen
4 Eiertomaten
2 EL gerebelter Oregano

Die Hähnchen waschen, trockentupfen und von beiden Seiten mit Rosenpaprika, Pfeffer und Salz bestreuen.
Ein Backblech mit dem Olivenöl einpinseln, die Hähnchen darauflegen und im Ofen bei 250° 40 Minuten backen.
Währenddessen Kartoffeln und Möhren schälen, von den Paprikaschoten den Stiel und die Kerne entfernen.
Das Blech aus dem Ofen nehmen, die Hähnchen wenden und das Gemüse danebenlegen. Wieder in den Ofen schieben und noch 25 Minuten backen.
Dann Oregano, Rosenpaprika, Pfeffer und Salz darüberstreuen und alles noch 5 Minuten überbräunen.

Hähnchen-Kichererbsen-Küchlein
Kuftat Dadschadsch ma' Hummus

150 g Kichererbsen
1 Hähnchen
2 große Zwiebeln
1 Knoblauchknolle
1 EL gerebelter Oregano
1 EL Sumak (in türkischen
und arabischen Läden
erhältlich)

1 TL Rosenpaprika
½ TL Pfeffer
Salz
geklärte Butter zum Ein-
pinseln und für das Blech

Kichererbsen verlesen, waschen und mit Wasser bedecken. Über Nacht einweichen. Am nächsten Tag mit dem Einweichwasser in einen Topf geben und 1 Stunde kochen lassen.

Das Huhn waschen, in einen Topf geben, ebenfalls mit Wasser bedecken und 1 Stunde kochen lassen.

Dann die Kichererbsen durchseihen und das Hähnchen aus der Brühe nehmen. Beide Brühen anderweitig verwenden.

Das Huhn etwas abkühlen lassen, dann das Fleisch von den Knochen lösen. Zwiebeln und Knoblauch grob hacken. Alles durch die feine Scheibe des Fleischwolfs drehen. Gewürze und Salz dazugeben und das Ganze zu einer geschmeidigen, aber festen Masse verkneten.

Ein Backblech einfetten, aus der Masse kleine Bällchen formen, plattdrücken und auf das Blech setzen. Mit zerlassener, geklärter Butter einpinseln.

Im vorgeheizten Ofen bei 250° goldbraun backen.

Hähnchen-Linsen-Schmortopf
Tandscharat Dadschadsch ma' 'Adas Madschrusch

1 Huhn von 1 kg	1 TL Curry
500 g rote Linsen	1 TL Kreuzkümmel
4 EL Olivenöl	Cayennepfeffer
1 Gemüsezwiebel	Salz
1 Knoblauchknolle	

Das Huhn unter fließendem Wasser gründlich waschen, in einen Topf geben und mit Wasser bedecken. Zum Kochen bringen und auf kleiner Flamme 1 Stunde köcheln lassen. Das Huhn herausnehmen und die Brühe aufbewahren.

Das Hühnerfleisch von den Knochen lösen und in große Stücke schneiden. In einen Topf geben und 1 l Brühe darübergießen. Falls nicht genug Brühe vorhanden ist, mit Wasser ergänzen. Zum Kochen bringen.

Linsen verlesen, waschen und dazugeben.

In einer Pfanne das Öl erhitzen. Die Zwiebel klein schneiden und darin glasig dünsten. Knoblauch fein hacken, hinzugeben und anbraten. Gewürze und Salz darüberstreuen und kurz mit andünsten. Mit einem Schöpflöffel Brühe ablöschen und in den Topf geben. Alles zusammen 30 Minuten köcheln lassen.

Zu Reis servieren.

Hähnchen mit Oliven
Dadschadsch ma' Zaitun

1 Hähnchen
5 EL Olivenöl
10 Perlzwiebeln
5 Möhren
200 g schwarze Oliven
3 EL geriebene Orangen-
schale

1 TL Rosenpaprika
1 TL Ingwer
½ TL Cayennepfeffer
Salz
1 Bund glattblättrige
Petersilie

Das Huhn in 8 Teile zerlegen, waschen und trockentupfen.
Öl in einem großen, flachen Topf erhitzen und die
Hühnerteile darin unter mehrmaligem Wenden 10 Minuten anbraten. Mit 1 l Wasser bedecken und bei geschlossenem Deckel 1 Stunde köcheln lassen.
Zwiebeln schälen und ganz belassen. Möhren schälen und längs aufschneiden, dann halbieren. Oliven
entsteinen. Alles mit den Gewürzen und Salz zu dem
Huhn geben und noch ca. 30 Minuten weiterköcheln
lassen, bis die Sauce dicklich wird.
Die Petersilie fein hacken und darüberstreuen.

Huhn mit Feigen
Dadschadsch ma' Tin

1 Hähnchen von 1 kg	frischgemahlener
4 EL geklärte Butter	schwarzer Pfeffer
3 EL Pinienkerne	Salz
3 Zwiebeln	1 kg frische, blaue
2 Granatäpfel	Feigen, ersatzweise
	500 g getrocknete Feigen

Das Huhn unter fließendem Wasser waschen und in einen Topf geben. Mit Wasser bedecken, zum Kochen bringen und 1 Stunde köcheln lassen. Das Huhn herausnehmen, die Brühe aufbewahren. Das Fleisch von den Knochen lösen und kleinschneiden.

2 EL Butter erhitzen und die Pinienkerne darin unter Rühren anbräunen. Herausnehmen und beiseite stellen.

Zwiebeln fein hacken, in die Pfanne geben und glasig dünsten.

Aus den Granatäpfeln die Fruchtkerne herauslösen.

In einem Topf die restliche Butter zerlassen, Hühnerfleisch, Pinienkerne, Zwiebeln, Granatapfelkerne, Gewürze und Salz hineingeben und unter ständigem Rühren 5 Minuten anbraten. Mit ¾ l Hühnerbrühe ablöschen und 30 Minuten köcheln lassen.

Von den Feigen den Stiel abschneiden. Die Früchte vierteln, in den Topf geben und noch 15 Minuten köcheln lassen.

Zu Reis oder Fladenbrot servieren.

Gefüllte Tauben

Hamam Mahschi

4 Tauben	1 TL Koriander
6 EL geklärte Butter	¼ TL Kümmel
4 Zwiebeln	frischgemahlener Pfeffer
100 g Pinienkerne	Salz
200 g grobgeschroteter	
grüner Weizen	

Die Tauben waschen und trockentupfen.

2 EL Butter in einer Pfanne erhitzen. Die Pinienkerne darin unter ständigem Rühren hellbraun rösten, dann herausnehmen.

Weitere 2 EL Butter in die Pfanne geben. Die Zwiebeln sehr fein hacken und darin anbraten. Weizenschrot, Gewürze und Salz hinzufügen und kurz mit andünsten. Dann mit ¼ l Wasser ablöschen. Die Pinienkerne dazugeben und die Pfanne zudecken. Auf kleiner Flamme köcheln lassen, bis die Flüssigkeit völlig aufgesogen ist.

In jede Taube ¼ der Füllung geben. Die Öffnung fest mit Holzstäbchen zustecken.

Ein Backblech mit 1 EL Butter bestreichen. Die Tauben darauflegen und bei mittlerer Hitze 30 Minuten backen. Mit der restlichen Butter einpinseln und noch weitere 30 Minuten backen.

Anmerkung: Grobgeschroteter grüner Weizen ist unter der Bezeichnung »Farik« in arabischen Läden erhältlich.

Gebackene Wachteln

Summan Maschwi

4 Wachteln	2 EL Olivenöl
frischgemahlener	4 große Weinblätter
schwarzer Pfeffer	Saft von ½ Zitrone
Salz	⅛ l Brühe
8 Knoblauchzehen	Fett für die Form

Die Wachteln waschen und trockentupfen. Innen und außen mit Pfeffer und Salz einreiben.

Die Knoblauchzehen in einem Mörser zerdrücken. Mit dem Öl vermischen und die Wachteln damit einpinseln.

Jede Wachtel fest mit einem Weinblatt umwickeln und in eine flache, gefettete Form legen. Mit Zitronensaft beträufeln, und die Brühe angießen.

Im vorgeheizten Ofen bei 220° ca. 40 Minuten backen, dabei die Wachteln mehrmals mit der Brühe begießen.

Gebratenes Kaninchen

Arnab Maqli

1 Kaninchen
5 Lorbeerblätter
$^1\!/_8$ l Olivenöl
4 große Zwiebeln
4 EL Sumak (in türkischen
und arabischen Läden
erhältlich)

2 EL gerebelter Thymian
Pfeffer
Salz

Von dem Kaninchen die Schenkel abtrennen, halbieren und den Rücken in 4 Teile hacken.
Die Stücke in einen Topf geben und die Lorbeerblätter hinzufügen. Mit Wasser bedecken und 45 Minuten kochen lassen. Herausnehmen und trockentupfen.
Die Brühe durch ein feines Sieb geben und anderweitig verwenden.
Die Hälfte des Öls in einer großen Pfanne erhitzen. Die Kaninchenstücke hineingeben und von allen Seiten braun anbraten.
Die andere Hälfte des Öls in einer kleinen Pfanne erhitzen. Die Zwiebeln in Scheiben schneiden und darin anbraten. Über die Kaninchenstücke geben. Gewürze und Salz darüberstreuen und alles zusammen noch kurz weiterbraten.
Mit Brot und Salat servieren.

Kaninchen nach Zigeunerart

Aranib 'ala Tariqat n-Nawar

1 kg Kaninchenstücke	7 EL Olivenöl
2 Zitronen	3 Lauchzwiebeln
4 Knoblauchzehen	Salz
1 Sträußchen frischer	frischgemahlener
Thymian	schwarzer Pfeffer
1 EL grob zerstoßene	Rosenpaprika
Pfefferkörner	20 schwarze Oliven
3 Lorbeerblätter	4 kleine Fladenbrote
4 Fleischtomaten	Cayennepfeffer

Kaninchenstücke gründlich waschen und trocken-tupfen.

Zitronen auspressen, 2 Knoblauchzehen und die Hälfte des Thymians fein hacken. Mit dem Pfeffer und 2 Lorbeerblättern in eine große Schüssel geben und die Kaninchenteile 8—10 Stunden lang hineinlegen; ab und zu wenden.

Tomaten mit kochendem Wasser überbrühen und enthäuten. Das Tomatenfleisch würfeln und beiseite stellen.

In einem großen Topf 3 EL Olivenöl erhitzen. Lauch-zwiebeln und die restlichen Knoblauchzehen fein hacken und darin anrösten.

Das Kaninchenfleisch aus der Marinade nehmen, ab-tropfen lassen und in den Topf geben. Rundherum gut anbraten, bis die Stücke braun sind. Salz und Pfeffer dazugeben und kurz weiterbraten.

Das Tomatenfleisch mit ¾ l Wasser, dem dritten Lor-beerblatt und Rosenpaprika vermischen. Den restlichen Thymian fein hacken und dazugeben. Alles über das Fleisch gießen und auf kleiner Flamme 30 Minuten köcheln lassen.

Die Oliven halbieren, entsteinen und in den Topf geben. Noch etwa 1 Stunde schmoren lassen, bis das Fleisch gar ist.

Die Brote aufschneiden und in einer Pfanne mit 4 EL Olivenöl rösten. Nach Belieben Cayennepfeffer darüberstreuen.

Jeweils ein Brot pro Portion in einen tiefen Teller geben und das geschmorte Kaninchenfleisch daneben anrichten.

Kaninchen mit Milukhija
Arnab ma' Milukhija

Milukhija (*Corchorus olitorius*) ist eine der Jute ver-
wandte Pflanze, deren Blätter beim Kochen eine leicht
schleimige Konsistenz bekommen. Ihr Geschmack ist
angenehm krautartig.

1 kleines Kaninchen	*1 Knoblauchknolle*
5 EL geklärte Butter	*1 EL Rosenpaprika*
1 kg frische oder 150 g	*1 TL Koriander*
getrocknete Milukhija-	*½ TL Kreuzkümmel*
blätter (in arabischen	*Salz*
oder griechischen Läden	*Saft von 1 Zitrone*
erhältlich)	

Von dem Kaninchen die Keulen abtrennen und den
Rücken in 3 Teile hacken.
In einem großen, flachen Topf 3 EL Butter erhitzen.
Die Kaninchenteile darin von allen Seiten braun an-
braten. Mit 1 l Wasser ablöschen, zudecken und bei
mittlerer Hitze 30 Minuten kochen lassen.
Die Milukhijablätter grob hacken und dazugeben.
Weitere 30 Minuten köcheln lassen. Soll das Ganze
suppiger werden, noch etwas Wasser hinzufügen.
Die restliche Butter in einer Pfanne erhitzen. Knob-
lauch fein hacken und darin anrösten. Gewürze und
Salz dazugeben, kurz weiterrühren, dann 1 Schöpf-
löffel Kaninchenbrühe hinzufügen und alles in den
Topf gießen.

Noch 5 Minuten köcheln lassen, dann den Zitronensaft hinzufügen.
Zu Fladenbrot oder Reis servieren.

Kaninchen mit Rosinen
Arnab ma' Zabib

1 Kaninchen	*¼ TL gemahlene Nelken*
5 EL geklärte Butter	*frischgemahlener*
2 Zwiebeln	*schwarzer Pfeffer*
5 Knoblauchzehen	*Salz*
5 Pimentkörner	*250 g Rosinen*
1 TL Zimt	*3 Quitten*

Von dem Kaninchen die Schenkel abtrennen und den
Rücken in 3 Teile hacken.
Die Butter in einem großen, flachen Topf erhitzen.
Zwiebeln in Ringe schneiden und darin glasig dünsten. Knoblauch fein hacken, hinzufügen und kurz
anbraten.
Die Kaninchenstücke dazugeben und von allen Seiten gut anbraten. Gewürze und Salz darüberstreuen
und kurz anrösten. Mit 1 l Wasser bedecken und zum
Kochen bringen. Auf kleiner Flamme 1 Stunde köcheln lassen.
Die Rosinen waschen. Quitten schälen, entkernen
und in kleine Stücke schneiden. Beides in den Topf
geben und noch 30 Minuten weiterköcheln lassen.
Mit Reis servieren.

Fische und Schalentiere

Gefüllter Fisch
Samak Mahschi

1 ganzer Fisch, Gewicht	2 Zwiebeln
bis zu 2 kg	4 EL Olivenöl
Saft von 1 Zitrone	5 Knoblauchzehen
Harisa (siehe Rezept	1 Sträußchen glatt-
S. 146)	blättrige Petersilie
Salz	5 grüne Oliven
½ kleines Fladenbrot	1 große, eingelegte
2 Eier	Gurke
2 Kartoffeln	Öl für die Form

Den Fisch schuppen, waschen und in der Mitte aufschlitzen. Innereien entfernen und gründlich waschen.
Die Hälfte des Zitronensafts, Harisa und Salz vermischen und den Fisch damit innen ausreiben. Mit dem
restlichen Zitronensaft außen beträufeln.
Das Brot in etwas Wasser einweichen, dann gut aus-

drücken und zerpflücken. 1 Ei hart kochen und fein würfeln.

2 EL Öl in einer Pfanne erhitzen. Kartoffeln und Zwiebeln sehr fein schneiden und darin 10 Minuten unter ständigem Rühren anbraten. Knoblauch fein hacken, dazugeben und kurz weiterrühren. Petersilie, Oliven und Gurke klein schneiden und hinzufügen. Vom Feuer nehmen.

Den Pfanneninhalt mit dem zerdrückten Brot, den Eiwürfeln und dem anderen, rohen Ei vermischen. Den Fisch mit der Masse füllen, mit Holzstäbchen fest zustecken und mit dem restlichen Öl einpinseln.

In eine gefettete Form legen und im vorgeheizten Ofen bei 180° etwa 45 Minuten backen, bis er gar ist.

BAHRAIN

Meerbrasse in Currysauce
Schabbut bi-l-Kari

1 TL Tamarinde (in asiatischen Läden erhältlich)	4 Zwiebeln
	3 EL Butterfett
	5 Knoblauchzehen
1 kg Meerbrassenfilets	1 TL Kurkuma
Salz	1 TL Rosenpaprika
1 TL abgeriebene Limonenschale	1 TL Koriander
	½ TL frischgeriebener Muskat
½ TL geriebener, frischer Ingwer	¼ TL Cayennepfeffer

Die Fischfilets unter fließendem Wasser gut waschen, dann trockentupfen. In große Würfel schneiden und mit Salz, Limonenschale und Ingwer vermischen.

Tamarinde in ¼ l Wasser 1 Stunde weichen lassen. Durch ein Sieb drücken, Kerne und Fasern wegwerfen.

Die Zwiebeln in Ringe schneiden. Butterfett in einer großen Pfanne erhitzen und die Zwiebelringe darin anbraten. Knoblauch grob hacken, darübergeben und kurz anrösten. Die Fischstücke und Gewürze hinzufügen und alles unter Rühren 3 Minuten anbraten. Mit dem Tamarindenwasser ablöschen. Zum Kochen bringen und bei milder Hitze zugedeckt ca. 20 Minuten köcheln lassen.

Man serviert die Fischstücke auf Reis.

ÄGYPTEN

Kümmelfisch

Samak bi-l-Kammun

1 kg Fischfilet
Saft von 1 Zitrone
Cayennepfeffer
Salz
1 Knoblauchknolle
1 TL Kreuzkümmel

4 EL Olivenöl
Paniermehl
1 Sträußchen glatt-
blättrige Petersilie
Zitronenscheiben zum
Garnieren

Die Fischfilets waschen, trockentupfen und beide Seiten mit Zitronensaft, Cayennepfeffer und Salz einreiben.

Knoblauchzehen mit Salz in einem Mörser zerdrücken und mit dem Kreuzkümmel mischen.

In die Fischfilets mehrere Einschnitte machen und die Knoblauchpaste auf beiden Seiten fest einreiben, vor allem die Einschnitte füllen. In Paniermehl wenden.

Öl in einer großen Pfanne erhitzen. Die Filets hineinlegen und auf kleiner Flamme auf jeder Seite ca.
10 Minuten braten, bis sie gar sind.
Petersilie fein hacken und darüberstreuen. Noch etwa
3 Minuten weiterbraten.
Mit Zitronenscheiben auf Reis servieren.

Gebackene rote Meeräsche
Sultan Ibrahim bi-l-Furn

1 rote Meeräsche	*1 großes Bund Salbei*
von 1 kg	*1 EL Sesammus*
Rosenpaprika	*Saft von ½ Zitrone*
Salz	*Zitronenscheiben zum*
2 Lauchzwiebeln	*Garnieren*
4 Knoblauchzehen	*Fett für die Form*
1 Bund Thymian	

Die Meeräsche schuppen und ausnehmen. Innen und
außen gut waschen, trockentupfen und mit Rosenpa-
prika und Salz einreiben. Eine feuerfeste Form ausfet-
ten und den Fisch hineinlegen.
Lauchzwiebeln und Knoblauch sehr fein hacken. Von
dem Thymian die Blättchen und Triebe abziehen, die
Salbeiblätter ganz lassen. Alles über und neben dem
Fisch verteilen.
Sesammus in dem Zitronensaft auflösen, mit ¼ l Was-
ser verrühren und in die Form gießen.
Im vorgeheizten Ofen bei 200° 30 Minuten garen.
Mit Zitronenscheiben zum Beträufeln servieren.

Barsch mit Würzpaste
Samak l-Farkh bi-l-Baharat

1 großer Barsch von über 1 kg	1 EL Rosenpaprika
1 unbehandelte Zitrone	1 TL Kreuzkümmel
Salz	$\frac{1}{4}$ TL Cayennepfeffer
1 Bund glattblättrige Petersilie	Olivenöl für die Form
8 Knoblauchzehen	Zitronenachtel zum Servieren

Den Barsch schuppen, Innereien, Flossen und Schwanz entfernen. Unter fließendem Wasser gründlich waschen, dann trockentupfen.

Die Zitrone auspressen, und den Fisch mit dem Saft und Salz gut einreiben.

Petersilie und Knoblauchzehen sehr fein hacken. Mit den Gewürzen im Mörser zu einer Paste verrühren und den Fisch damit einreiben.

Eine feuerfeste Form schwach einölen, den Fisch hineinlegen und etwas abgeriebene Zitronenschale darüberstreuen. Den Deckel schließen. Im vorgeheizten Ofen bei 200° etwa 35 Minuten garen. In den letzten 5 Minuten kann der Deckel abgenommen werden, damit die Oberfläche leicht überbräunt.

Mit Zitronenachteln zum Beträufeln servieren.

Gewürzte Garnelen
Dschambari bi-l-Baharat

1 EL Tamarinde (in
asiatischen Läden erhält-
lich)
1 kg geschälte Garnelen
4 EL Butterfett
1 große Zwiebel
4 Knoblauchzehen
1 EL Rosenpaprika
1 TL Kurkuma

½ TL Koriander
¼ TL frischgeriebener
Muskat
¼ TL Kreuzkümmel
¼ TL gemahlene Nelken
1 Prise Zimt
frischgemahlener
schwarzer Pfeffer
Salz

Die Tamarindenstückchen in ⅛ l Wasser 1 Stunde stehenlassen. Dann durch ein Sieb drücken, Fasern und
Kerne wegwerfen.
Die Garnelen unter fließendem Wasser waschen,
dann trockentupfen.
Butterfett in einem Topf erhitzen, die Zwiebel in Ringe schneiden und darin glasig dünsten. Die Garnelen
hineingeben und unter ständigem Rühren rosa braten.
Knoblauch fein hacken, mit den Gewürzen und Salz
darüberstreuen. Kurz weiterrühren, dann mit dem Tamarindenwasser ablöschen.
Alles zusammen noch 3—5 Minuten dünsten.
Auf Reis servieren.

Muscheln in Nußsauce

Mahar bi-Salsat Bunduq

1 kg Muscheln
Salz
2 EL geklärte Butter
2 Lauchzwiebeln
4 Fleischtomaten
½ TL zerstoßener
Piment

Für die Sauce:
½ kleines Fladenbrot
100 g Haselnußkerne
⅛ l Olivenöl
frischgemahlener
schwarzer Pfeffer
Salz
1 Sträußchen Petersilie

Die Muscheln außen mit einer harten Bürste gut reinigen. In eine Schüssel geben und lauwarmes, gesalzenes Wasser darübergießen. Nur die Muscheln verwenden, die sich jetzt öffnen. Gründlich innen und außen abspülen.
Einen großen Topf mit Salzwasser zum Kochen bringen und die Muscheln darin 20 Minuten kochen lassen. Anschließend herausnehmen und aus den Schalen lösen.
Butter in einem flachen Topf erhitzen. Die Lauchzwiebeln grob hacken und darin anbraten. Die Tomaten fein würfeln und mit dem Muschelfleisch, Piment und Salz hinzufügen. Unter ständigem Rühren die Flüssigkeit verdampfen lassen.
Für die Sauce das Brot in etwas Wasser einweichen, dann ausdrücken und zerpflücken. Die Nüsse fein mahlen. Alle Zutaten mit ausreichend Wasser in einem Mixer zu einer dickflüssigen Sauce verarbeiten und über die Muscheln gießen. Mit feingehackter Petersilie bestreuen.

Man serviert die Muscheln auf Reis und reicht einen knackigen Salat dazu.

Garnelen mit Oliven und Kräutern
Dschambari ma' Zaitun wa A'schab

500 g geschälte Garnelen
5 EL Olivenöl
frischgemahlener
schwarzer Pfeffer
Salz
3 Knoblauchzehen
100 g grüne Oliven,
ohne Stein

2 EL Sesammus
Saft von $\frac{1}{2}$ *Zitrone*
1 Sträußchen Thymian
1 Sträußchen Dill
1 Bund glattblättrige
Petersilie

Die Garnelen unter fließendem Wasser waschen, dann trockentupfen.
Öl in einer großen Pfanne erhitzen. Die Garnelen darin unter ständigem Rühren rosa braten. Mit Pfeffer und Salz bestreuen.
Die Knoblauchzehen grob hacken, Oliven halbieren. Beides in die Pfanne geben.
Sesammus mit dem Zitronensaft und $\frac{1}{8}$ l Wasser verrühren und über die Garnelen gießen.
Die Kräuter fein hacken und kurz in der Pfanne mitdünsten.
Auf Reis servieren.

Eier

Kümmeleier

Baid ma' Karawija

4 Eier
2 EL Kümmel
Salz

4 EL Olivenöl
Saft von ½ Zitrone

Die Eier hart kochen.
Kümmel mit Salz, Öl und Zitronensaft mischen und in 4 Portionsschälchen verteilen.
Die geschälten harten Eier vor jedem Bissen in die Würzmischung stippen.

Gefärbte Eier

Baid Mulauwan

Gefärbte Eier haben eine lange Tradition in den nordafrikanischen Ländern. In Marokko legt man die Eier in die stark gewürzten Kuskussaucen, die oftmals über Nacht vor sich hin köcheln. Das Aroma der Gewürze dringt in die Eier ein und der in der Sauce vorhandene Safran oder Kurkuma färbt das Eiweiß gelb. Man kann die Eier aber auch in einen Farbsud legen. Das zugesetzte Öl läßt das Wasser nicht so schnell verkochen.

8 Eier   1 TL Pflanzenöl
2—3 EL Kurkuma für
gelbe
oder 200 g Zwiebel-
schalen für braune Eier

Die Eier in einen großen Topf legen. Kurkuma oder Zwiebelschalen dazugeben und zum Kochen bringen.
Das Öl hineingießen und alles auf kleinster Flamme 7—10 Stunden simmern lassen.
Nach der Kochzeit werden die Eier herausgenommen und geschält. Entweder verwendet man sie ganz als Garnierung oder man ißt sie mit Kümmel und Salz.

Ei mit Knoblauch und Oliven

Baid ma' Thaum wa Zaitun

4 Eier
2 EL Mehl
150 g schwarze Oliven
5 Knoblauchzehen

1 Sträußchen frische
Minze
Pfeffer
Salz
8 EL Olivenöl

Die Eier in einer Schüssel verschlagen. Mehl mit einem Schneebesen einrühren.

Oliven entsteinen und fein würfeln. Knoblauch und Minze sehr fein hacken. Alles mit Pfeffer und Salz in die Schüssel geben und gut verrühren.

2 EL Öl in einer Pfanne erhitzen. Ein Viertel der Eimischung in die Pfanne gießen und stocken lassen. Wenn die Unterseite fest und braun ist, wenden und die andere Seite fertig backen.

Mit der restlichen Eimischung ebenso verfahren.

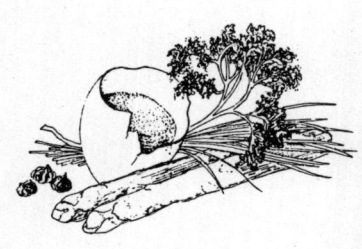

Rührei mit Anchovis
Baid bi-l-Anschauwa

200 g marinierte	schwarzer Pfeffer
Anchovisfilets	1 TL gerebelter
2 Zwiebeln	Majoran
1 rote Paprikaschote	6 Eier
3 EL Olivenöl	gehackte Petersilie zum
Cayennepfeffer	Bestreuen

Anchovis 1 Stunde wässern. Herausnehmen, trockentupfen und fein hacken.

Zwiebeln und Paprika in kleine Würfel schneiden. Öl
in einer Pfanne erhitzen, und beides darin 10 Minuten
unter Rühren anbraten.

Gewürze und Anchovis hinzufügen und noch kurz
weiterrühren.

Die Eier verschlagen und darübergießen. Stocken lassen, bis die Unterseite fest und gebräunt ist. Umdrehen und fertig backen.

Mit der Petersilie bestreuen und zu frischem Brot servieren.

Rührei mit grünen Bohnenkernen
Baid ma' Ful

1 kg frische Dicke
Bohnen
5 EL Öl
4 Eier

½ TL frischgeriebener
Muskat
½ TL Rosenpaprika
Pfeffer
Salz

Bohnen enthülsen und in einen Topf geben. Mit Wasser bedecken und 30 Minuten kochen lassen. Abseihen, auskühlen lassen und die Haut entfernen.
Öl in einer Pfanne erhitzen. Die Bohnenkerne darin unter Rühren 5 Minuten anbraten.
Eier in eine Schüssel aufschlagen. Mit den Gewürzen und Salz verschlagen. In die Pfanne geben und so lange backen, bis die Eimasse fest ist.

Eierkuchen mit Leberstückchen
'Iddschat Kabid

6 Eier
200 g Mehl
500 g Lammleber
2 Zwiebeln
Cayennepfeffer
¼ TL frischgeriebener
Muskat

¼ TL Ingwer
Salz
5 EL Butterfett
Limonenscheiben zum
Garnieren

In einer Schüssel die Eier verschlagen. Mehl unter
Rühren hinzufügen.
Leber unter fließendem Wasser gründlich waschen,
Haut und Sehnen entfernen. Die Zwiebeln fein hak-
ken und mit der Leber durch den Fleischwolf drehen.
In die Eimischung geben. Mit den Gewürzen und Salz
gut verrühren.
Das Fett in einer großen Pfanne erhitzen. Je nach
Größe der Pfanne in ein oder zwei Durchgängen bak-
ken. Die Eimischung in das heiße Fett gießen, bei mä-
ßiger Hitze stocken lassen, bis die Unterseite fest ist.
Wenden und die andere Seite fertig backen.
Mit Limonenscheiben garnieren und frisches Brot da-
zu reichen.

Gebackener Eierkuchen
'Iddscha bi-l-Furn

1 EL gemahlener Bocks-
hornkleesamen (in
Apotheken erhältlich)
6 Eier
200 g Weizenmehl
1 Bund Korianderblätter

4 kleine Lauchzwiebeln
Cayennepfeffer
Salz
geklärte Butter für die
Form

Bockshornklee in 3 EL Wasser 1 Stunde quellen lassen.
Eier in eine Schüssel geben, Mehl hineinstreuen und
dabei mit einem Schneebesen umrühren, damit sich
keine Klümpchen bilden.
Korianderblätter und Lauchzwiebeln sehr fein hacken
und mit dem Bockshornklee, Cayennepfeffer und
Salz der Eimischung hinzufügen. Alles gut verrühren.
Eine flache Form einfetten und die Masse hineingeben.
Bei mittlerer Hitze im Ofen etwa 30 Minuten backen,
bis die Oberfläche leicht gebräunt ist. Mit einem Holzstäbchen prüfen, ob der Eierkuchen fest ist. Ansonsten noch kurz weiterbacken.

Pilzomelett

'Iddscha ma' Futr

500 g frische Pilze	Pfeffer
5 EL geklärte Butter	Salz
4 Eier	1 Bund frische Minze
100 g Mehl	

Pilze putzen, waschen und trockentupfen. In feine Stücke schneiden.

2 EL Butter in einer Pfanne erhitzen und die Pilze darin unter Rühren 7 Minuten anbraten.

Die Eier in eine Schüssel geben und mit dem Mehl, Pfeffer und Salz verschlagen. Minze fein hacken und mit den Pilzen darunterrühren.

Das restliche Öl in der Pfanne erhitzen und ¼ der Eimischung hineingeben. Von beiden Seiten hellbraun backen.

Mit der restlichen Eimasse ebenso verfahren.

Eierpfannkuchen mit Gemüse
'Iddschat Khudar

300 g Mehl	1 Kräutersträußchen
6 Eier	(Thymian, Majoran,
300 g Kartoffeln	Petersilie)
300 g rote Paprikaschote	frischgemahlener
300 g Möhren	schwarzer Pfeffer
200 g Zwiebeln	Salz
100 g grüne Oliven	Olivenöl zum Braten

Das Mehl in eine große Schüssel geben. Nacheinander die Eier hineingleiten lassen und verrühren.
Das Gemüse auf einer Rohkostreibe fein raspeln und unter die Eimasse geben.
Oliven entsteinen und klein schneiden. Die Kräuter fein hacken, mit den Oliven, Pfeffer und Salz in die Schüssel geben. Alles gut durchrühren.
In einer Pfanne pro Backvorgang 1 TL Öl erhitzen. Mit einem Schöpflöffel etwas Teig hineingießen, glattstreichen und so lange braten, bis der Boden fest und leicht gebräunt ist. Wenden und die andere Seite fertigbacken. Heiß servieren.

Eierpfannkuchen mit Früchten
'Iddschat Fawakih

300 g Mehl
4 Eier
¼ l Milch
300 g Birnen
300 g Pfirsiche
300 g Äpfel
300 g Bananen
100 g Mandeln

100 g Rosinen
½ TL gemahlener
Kardamom
½ TL Vanille
1 Prise Salz
neutrales Pflanzenöl zum
Braten

Mehl in eine Schüssel geben. Die Eier nacheinander hineingleiten lassen, die Milch hinzufügen und alles gut verrühren.

Das Obst schälen und auf einer Rohkostreibe fein raspeln. Das Bananenfleisch zerdrücken, Mandeln grob hacken. Alles mit den Rosinen in den Teig geben. Gewürze und Salz hinzufügen und die Masse gut durchrühren.

In einer Pfanne pro Durchgang 1 TL Öl erhitzen. Mit einem Schöpflöffel etwas Teig hineingeben, glattstreichen und die Unterseite braun backen.

Umdrehen und die andere Seite fertig backen.

Hülsenfrüchte

Weiße Bohnen in scharfer Sauce
Fasulija Baida' bi-Salsa Harra

500 g getrocknete weiße
Bohnen
2 EL Butterfett
1 Zwiebel
5 Knoblauchzehen
1—3 Pfefferschoten
$\frac{1}{2}$ TL Kümmel

$\frac{1}{4}$ TL Kardamom
$\frac{1}{4}$ TL Safran
Salz
2 Fleischtomaten
2 EL Tomatenmark
1 Bund Korianderblätter

Die Bohnen verlesen, waschen und in eine Schüssel geben. Mit 1 l Wasser bedecken und über Nacht einweichen.

Am nächsten Tag mit dem Einweichwasser in einen Topf geben, zum Kochen bringen und zugedeckt 1 Stunde köcheln lassen.

Das Butterfett in einer Pfanne erhitzen. Die Zwiebeln in Würfel schneiden und darin glasig werden lassen. Knoblauchzehen und Pfefferschoten fein hacken und mit den Gewürzen und Salz dazugeben. Unter ständigem Rühren anbraten. Tomaten klein schneiden, Tomatenmark mit etwas Bohnenbrühe verrühren. Alles in den Topf geben und zusammen noch 30 Minuten schmoren lassen.

Korianderblätter fein hacken und darüberstreuen.

Rote Bohnen mit Kürbis
Fasulija Hamra' ma' Qar'

250 g getrocknete rote Bohnen	*½ TL Kurkuma*
750 g Kürbis	*½ TL Kreuzkümmel*
5 EL Olivenöl	*¼ TL Cayennepfeffer*
10 Perlzwiebeln	*Salz*
5 Möhren	*1 EL Tomatenmark*
1 rote Paprikaschote	*1 Bund Petersilie*

Die Bohnen mit Wasser bedecken und über Nacht einweichen. Am nächsten Tag mit dem Einweichwasser in einen Topf geben und zugedeckt 1 Stunde kochen lassen.

Kürbis schälen und in Würfel schneiden.

Öl in einer Pfanne erhitzen. Die Zwiebeln halbieren und darin kurz anbraten. Möhren und Paprika klein schneiden. Mit den Gewürzen und Salz hinzufügen und unter Rühren anrösten.

Tomatenmark in etwas Bohnenwasser auflösen und mit dem Pfanneninhalt und den Kürbisstücken zu den

Bohnen geben. Zugedeckt bei milder Hitze 20—30 Minuten schmoren lassen.

Petersilie fein hacken und vor dem Servieren darüberstreuen.

Kidneybohnen mit Möhren

Fasulija Hamra' ma' Dschazar

500 g getrocknete Kidneybohnen	2 EL Tomatenmark
500 g Möhren	$\frac{1}{2}$ TL Koriander
2 kleine Kartoffeln	$\frac{1}{2}$ TL zerstoßener Piment
1 Fenchelknolle	Cayennepfeffer
2 EL Olivenöl	Salz
3 Zwiebeln	Zitronenachtel zum Servieren

Bohnen verlesen, waschen und mit 1 l Wasser bedekken. Über Nacht einweichen, am nächsten Tag in dem Einweichwasser bei geschlossenem Deckel 1 Stunde köcheln lassen.

Möhren und Kartoffeln schälen und in kleine Stücke schneiden. Die Fenchelknolle fein würfeln.

Öl in einer Pfanne erhitzen. Die Zwiebeln in Ringe schneiden und darin anbraten. Tomatenmark mit etwas Bohnenbrühe verrühren und damit ablöschen. Mit dem Gemüse, Gewürzen und Salz zu den Bohnen geben und zugedeckt noch etwa 30 Minuten schmoren lassen, bis die Sauce dicklich wird.

Zitronenachtel zum Beträufeln dazu reichen.

Schwarzaugenbohnen auf Reis

Lubja 'ala Ruzz

(Foto gegenüber)

500 g getrocknete	3 Pfefferschoten
Schwarzaugenbohnen	1 TL Rosenpaprika
3 EL Olivenöl	Salz
2 mittelgroße Zwiebeln	3 EL Tomatenmark
5 Knoblauchzehen	gekochter Reis

Bohnen verlesen, waschen und in eine Schüssel geben. Mit Wasser bedeckt über Nacht einweichen. Dann das Einweichwasser weggießen.

Am nächsten Tag die Bohnen in einen großen Topf geben und 1¼ l Wasser darübergießen. Zum Kochen bringen, auf mittlere Hitze herunterschalten und 15 Minuten kochen lassen.

In einer Pfanne das Öl erhitzen. Zwiebeln in Scheiben schneiden, Knoblauchzehen grob hacken und beides in dem Öl anbraten. Pfefferschoten fein hacken, mit Rosenpaprika und Salz dazugeben und kurz mit anrösten. Tomatenmark hinzufügen und mit 1 Schöpflöffel Bohnenkochwasser ablöschen.

Den Pfanneninhalt zu den Bohnen gießen, und das Ganze noch etwa 15—20 Minuten weiterkochen lassen.

Den gekochten Reis in eine Schüssel geben und die Bohnen darüberhäufen. Heiß servieren.

Kichererbsen mit Paprika

Hummus ma' Filfil

500 g Kichererbsen
3 EL Olivenöl
500 g rote Paprika-
schoten
1 TL gerebelter Oregano

1 TL Rosenpaprika
1 TL Curry
Cayennepfeffer
Salz

Kichererbsen verlesen, waschen und in eine Schüssel geben. Mit 1 l Wasser bedecken und über Nacht einweichen. Am nächsten Tag mit dem Einweichwasser in einen Topf geben, zum Kochen bringen und bei milder Hitze 30 Minuten köcheln lassen.

In einem anderen Topf das Öl erhitzen. Die Paprikaschoten von Stiel und Kernen befreien, in kleine Stükke schneiden und in dem heißen Öl unter ständigem Rühren 10 Minuten anbraten. Gewürze und Salz dazugeben und kurz mit anrösten.

Die Tomaten in dünne Scheiben schneiden und mit dem Paprika zu den Kichererbsen geben. Alles noch ca. 30 Minuten schmoren lassen, bis eine dicke Sauce entsteht.

Zu Reis oder Brot servieren.

◁ v.l.n.r.: *Leber-Nieren-Pfanne* (Rezept S. 44)
Gebratenes Kalbsherz (Rezept S. 43)

Süß-saure Linsen

Mu'addas Hulw

300 g rote Linsen
1 kleine Knoblauch-
knolle
1 EL Olivenöl
1 kleine rote Pfeffer-
schote
1 EL Rosenpaprika

1 TL Kreuzkümmel
Salz
4 Fleischtomaten
2 EL Tomatenmark
2 EL Honig
Saft von ½ Zitrone

Linsen gut verlesen, unter fließendem Wasser waschen und abtropfen lassen.

Knoblauch in Zehen teilen, schälen, aber nicht klein schneiden.

Olivenöl in einem großen Topf erhitzen. Knoblauch, die sehr feingehackte Pfefferschote, Gewürze, Salz und die Linsen darin unter Rühren kurz anrösten.

Tomaten achteln, mit dem Tomatenmark verrühren und hinzugeben. Mit 1 l Wasser auffüllen und 30 Minuten kochen lassen.

Honig in dem Zitronensaft auflösen, zufügen und gut umrühren. Noch 5 Minuten weiter köcheln lassen.

Dieses Gericht ist eine nahrhafte Beilage zu Reis.

Linsen mit Lauch

'Adas ma' Kurath

300 g Linsen	½ TL Koriander
300 g Lauch	¼ TL gemahlene Nelken
5 EL Butterfett	Salz
1 TL Rosenpaprika	1 Bund glattblättrige
1 TL Kümmel	Petersilie

Die Linsen mit Wasser bedecken und über Nacht einweichen. Dann in ein Sieb geben und abtropfen lassen.

Den Lauch in Ringe schneiden. Butterfett in einem großen Topf erhitzen und die Lauchringe darin unter Rühren 5 Minuten anbraten.

Gewürze und Salz hinzufügen, kurz anrösten, dann die Linsen hineingeben. Mit ¾ l Wasser bedecken, zum Kochen bringen und bei milder Hitze in ca. 45 Minuten weich kochen. Den Zitronensaft unterrühren.

Petersilie fein hacken und über das fertige Gericht streuen.

Gemüse

Dicke Bohnen-Gemüse
Ful Akhdar

2 kg frische Dicke
Bohnen
5 Knoblauchzehen
3 mittelgroße Zwiebeln
5 EL Olivenöl
20 grüne Oliven
1 Sträußchen frisches
Bohnenkraut

2 EL Tomatenmark
2 EL Kreuzkümmel
frischgemahlener Pfeffer
Salz
1 Sträußchen Petersilie
Zitronenviertel zum
Servieren

Die Bohnenkerne aus den Schoten lösen, in einem
großen Topf mit 1 l Wasser zum Kochen bringen und
auf kleiner Flamme 30 Minuten köcheln lassen.
Knoblauch und Zwiebeln in große Würfel schneiden.
In eine Pfanne mit heißem Olivenöl geben und unter
ständigem Rühren 5 Minuten anbraten.
Oliven entsteinen und vierteln, das Bohnenkraut fein

hacken. Beides mit dem Tomatenmark, den Gewürzen und Salz in der Pfanne kurz mitbraten.
Dann alles zu den Bohnen geben und, je nachdem, wie hart die Bohnen noch sind, 15—30 Minuten weiter köcheln lassen. Wenn nötig, noch etwas Wasser nachgießen.
Zum Schluß mit gehackter Petersilie bestreuen.
Dazu reicht man Zitronenviertel zum Beträufeln, Reis, frische Lauchzwiebeln und Pfefferschoten.

Anmerkung: Falls die Bohnen noch jung und die Schoten zart sind, so daß man sie mit verwenden kann, genügt 1 kg.

PALÄSTINA

Malvengemüse
Khubbaiza

1 kg Malvenblätter	*frischgemahlener*
4 EL Olivenöl	*schwarzer Pfeffer*
1 Knoblauchknolle	*Salz*
3 EL Tomatenmark	

Malvenblätter waschen und grob hacken.
Öl in einem Topf erhitzen. Die Knoblauchzehen hacken und darin anbräunen. Tomatenmark, Gewürze und Salz dazugeben, kurz anrösten, dann das Gemüse hinzufügen. Unter ständigem Rühren so lange andünsten, bis es zusammenfällt.
⅛ l Wasser dazugießen und den Deckel schließen.
Auf kleinster Flamme etwa 10 Minuten köcheln lassen.

Geschmortes Okragemüse

Bamija

750 g frische Okra-
schoten (in orientalischen
Läden erhältlich)
5 EL Olivenöl
1 Knoblauchknolle
frischgemahlener
schwarzer Pfeffer

Salz
5 Tomaten
1 Sträußchen Koriander-
blätter
Saft von 1 Zitrone

Von den Okraschoten den Stiel und die oberste Schicht
der Kapern entfernen.

Öl in einer großen Pfanne erhitzen. Die Knoblauch-
zehen grob hacken und kurz darin anbräunen. Okra,
Pfeffer und Salz hinzufügen und unter vorsichtigem
Rühren 10 Minuten anbräunen.

Tomaten klein schneiden und darübergeben. Weitere 10 Minuten bei geschlossenem Deckel schmoren
lassen.

Korianderblätter fein hacken und darüberstreuen. Ohne Deckel kurz weiterbraten, bis die Flüssigkeit verdampft ist.

Mit Zitronensaft begießen und heiß servieren.

Gekochte Maiskolben
Dhura Frandschija

Der Mais, von den Arabern »fremde Hilfe« genannt, wird in den arabischen Ländern noch nicht sehr lange angebaut. Er erfreut sich aber großer Beliebtheit, besonders bei den Kindern. Dies haben sich die kleineren Händler zunutze gemacht. Sie stehen mit ihren transportablen Garküchen vor den Schulen und bieten frischgekochte Maiskolben an, die die Kinder dann in den Pausen mit etwas Salz abknabbern.

8 frische, reife Mais-   *Salz*
kolben

Die Maiskolben waschen und in einen Topf geben.
Mit Wasser bedecken und 20 Minuten kochen lassen.
Herausnehmen und abtropfen lassen.
Mit Salz bestreuen und heiß servieren.
Sehr zarte Maiskolben kann man auch im ganzen mit einer warmen Knoblauchsauce (siehe Rezept S. 147) reichen.

Gefüllte Kohlblätter

Waraq Qarnabit Mahschi

(Foto gegenüber S. 160)

12 große oder 20 kleine
Blumenkohl- oder
Wirsingblätter
6 EL Olivenöl
2 mittelgroße Zwiebeln
100 g Mandeln
500 g Lamm- oder
Rinderhack

300 g Reis
1 TL Rosenpaprika
½ TL Kümmel
½ TL Koriander
¼ TL Muskatblüte
frischgemahlener
schwarzer Pfeffer
Salz

Einen großen Topf halb mit Wasser füllen und zum Kochen bringen. Die Kohlblätter vorsichtig hineingeben, sie dürfen nicht beschädigt werden. 10 Minuten blanchieren, herausnehmen und beiseite legen.

2 EL Olivenöl in einer Pfanne erhitzen. Die Zwiebeln fein schneiden und darin glasig werden lassen. Ebenfalls herausnehmen und beiseite stellen.

Die Mandeln grob hacken, in der Pfanne mit weiteren 2 EL Olivenöl anrösten. Zu den Zwiebeln stellen.

Das restliche Öl in die Pfanne gießen und das Hackfleisch darin unter Rühren anbraten.

Die vorbereiteten Zutaten mit dem Reis, Gewürzen und Salz in eine Schüssel geben und gut vermischen. Von den Kohlblättern den Stiel abschneiden. Eventuell die Innenrippen abflachen. Beschädigte Blätter kann man flicken, indem man ein weiteres Blatt darüberlegt. Jeweils etwas von der Füllung in die Mitte des Blattes geben. Von rechts und links einschlagen, dann von unten her aufrollen. Eventuell mit Küchengarn umwickeln.

Auf dem Boden eines großen flachen Topfes die restlichen Blätter und Stengelstücke auslegen. Die Kohlrollen mit der Naht nach unten hineinschichten. Alles knapp mit Wasser bedecken und zum Kochen bringen. Zugedeckt 1 Stunde köcheln lassen.
Heiß mit Joghurt servieren.

LIBANON

Weißkohlgemüse
Kurunb Matbukh

1 kg Weißkohl	*1 TL zerstoßener Piment*
Saft von 1 Zitrone	*Pfeffer*
3 große Zwiebeln	*Salz*
4 EL geklärte Butter	*1 Granatapfel*
5 Knoblauchzehen	*2 EL getrockneter Dill*

Den Kohl waschen und fein hobeln. Zitronensaft darüberträufeln und 1 Stunde stehenlassen.
Die Zwiebeln in Würfel schneiden. Butter in einem Topf erhitzen und die Zwiebelstücke darin glasig dünsten. Knoblauch fein hacken und dazugeben. Gewürze und Salz darüberstreuen und mit anrösten.
Den Kohl darin kurz anschmoren, dann mit $\frac{1}{4}$ l Wasser aufgießen und zugedeckt auf kleinster Flamme 30 Minuten köcheln lassen.
Aus dem Granatapfel die Fruchtkerne herauslösen und in den Topf geben. 10 Minuten köcheln lassen, falls nötig, noch etwas Wasser hinzugießen.
Zum Schluß den Dill darüberstreuen.

Scheich des Gefüllten

Scheikh I-Mahschi

(Foto gegenüber S. 161)

1 kg Zucchini	Salz
4 EL Olivenöl	frische Kräuter nach
100 g Pinienkerne	Wahl, z. B. Koriander-
2 Zwiebeln	blätter, Minze, Dill,
300 g Lammhack	Petersilie, Majoran,
1 Pfefferschote	Zwiebelgrün etc.
1 TL Rosenpaprika	100 g Langkornreis
½ TL zerstoßener Piment	200 g gut schmelzender
¼ TL Koriander	Hartkäse
¼ TL Muskatblüte	

Von den Zucchini die Stengel und Enden knapp abschneiden, dann die Zucchini der Länge nach halbieren. Mit einem Löffel vorsichtig aushöhlen, dabei die Wände nicht beschädigen.

Für die Füllung 2 EL Öl in eine Pfanne geben und erhitzen. Die Pinienkerne darin unter Rühren goldbraun anbraten, aus der Pfanne nehmen und beiseite stellen. Die Zwiebeln fein hacken. Mit dem restlichen Öl in die Pfanne geben und goldgelb dünsten. Das Hackfleisch sowie die feingehackte Pfefferschote, Gewürze und Salz hinzufügen und 5 Minuten anbraten.

Die Kräuter grob hacken und die Hälfte davon in die Pfanne geben. Kurz mitrösten. Dann den Reis hineingeben und noch 5 Minuten unter ständigem Rühren braten lassen. Vom Feuer nehmen.

In jede Zucchinihälfte etwas von der Füllmasse geben und mit der Füllung nach oben in eine feuerfeste

Form legen. Etwas Wasser in die Form gießen, so daß es ungefähr ein Finger breit über dem Boden steht. Im Ofen bei 200° 30 Minuten backen.
Den Käse grob reiben und über den Zucchinihälften verteilen. Nochmals 10 Minuten backen.
Zum Servieren die restlichen Kräuter darüberstreuen.

Champignons mit Kräutern
Futr bi-z-Za'tar

1 kg frische Champignons
6 EL Olivenöl
6 Knoblauchzehen
2 EL Za'tar (siehe Rezept S. 148)

frischgemahlener schwarzer Pfeffer
Salz
Saft von 1 Zitrone

Champignons putzen, waschen und blättrig schneiden. Vorsichtig trockentupfen.
Öl in einer Pfanne erhitzen. Die Knoblauchzehen fein hacken und darin anbraten. Champignons hinzufügen und unter Rühren ca. 10 Minuten braten, bis sie gar sind und die Flüssigkeit verdampft ist.
Gewürze und Salz darüberstreuen und noch 3 Minuten weiterbraten.
Mit dem Zitronensaft begießen und zu frischem Brot servieren.

Gefüllte Zwiebeln

Basal Mahschi

2 EL Tamarinde (in
asiatischen Läden erhält-
lich)
8 Gemüsezwiebeln
3 EL Butterfett
500 g Lammhack
125 g Langkornreis

1 TL Koriander
½ TL Pfeffer
½ TL Zimt
¼ TL frischgeriebener
Muskat
Salz
2 EL Tomatenmark

Tamarinde in ½ l Wasser 1 Stunde einweichen. Dann durch ein Sieb drücken, damit sich das Mark von den Kernen und Fasern löst. Das Tamarindenwasser beiseite stellen.

Von den Zwiebeln eine dicke Scheibe am Wurzelansatz abschneiden. Die Zwiebeln mit einem Schälmesser vorsichtig aushöhlen, dabei 2—3 Wände stehenlassen.

In einem Topf das Butterfett erhitzen und das Hackfleisch darin unter ständigem Rühren ca. 5 Minuten anbraten. Reis, Gewürze und Salz hinzufügen und kurz weiterrühren.

Tomatenmark in 1 Tasse Wasser verrühren und in den Topf gießen.

Die Zwiebeln jeweils mit etwas Fleischmasse füllen und mit der Öffnung nach oben in einen großen, flachen Topf setzen. Das Tamarindenwasser zwischen die Zwiebeln gießen. Einen feuerfesten Teller darauflegen und den Deckel schließen.

Zum Kochen bringen und auf kleiner Flamme 40 Minuten garen lassen. Falls nötig, zwischendurch Wasser nachgießen.

Gefüllte Kartoffelbällchen
Batata Mahschi bi-Dadschadsch

1 kleines Huhn	1 TL gerebelter Majoran
3 Lorbeerblätter	1 TL gerebelter Thymian
5 EL Öl	$\frac{1}{4}$ TL gemahlene Nelken
3 Zwiebeln	$\frac{1}{4}$ TL Zimt
3 Knoblauchzehen	Salz
1 Prise Safran	1 kg kleine bis mittel-
1 TL Rosenwasser	große Kartoffeln

Das Huhn in einen Topf geben, mit Wasser bedecken und zum Kochen bringen. Lorbeerblätter hinzufügen und bei mittlerer Hitze zugedeckt 1 Stunde köcheln lassen. Vom Feuer nehmen und abkühlen lassen. Die Brühe anderweitig verwenden.
Das Hühnerfleisch von den Knochen lösen und durch die mittlere Scheibe des Fleischwolfs drehen.
Öl in einer Pfanne erhitzen. Zwiebeln fein hacken und darin braun braten. Knoblauch ebenfalls fein hacken und kurz mit andünsten. Das Hühnerfleisch dazugeben und unter ständigem Rühren 5 Minuten anbraten.
Den Safran in Rosenwasser auflösen und mit den übrigen Gewürzen und dem Salz hinzufügen. Kurz mit anrösten, dann vom Feuer nehmen und abkühlen lassen.
Kartoffeln waschen, aber nicht schälen. In einen Topf

geben, mit Wasser bedecken und 30 Minuten kochen. Abkühlen lassen, schälen und durch die feinste
Scheibe des Fleischwolfs drehen.
Aus der Kartoffelmasse kleine Bällchen formen und
eine Mulde hineindrücken. Etwas von der Fleischmasse hineingeben und wieder schließen.
Die Bällchen auf ein gefettetes Backblech setzen und
im vorgeheizten Ofen bei 250° ca. 30 Minuten bakken. Die Oberfläche soll braun und knusprig sein.

Auberginen-Kürbis-Auflauf
Musakka

Musakka ist eines der bekanntesten Gerichte des Mittelmeerraums. Hier stellen wir eine libanesische Version vor.

500 g Auberginen
500 g Kürbis, Gewicht ohne Schale
¼ l Olivenöl
500 g Lammhack
½ TL zerstoßene Pimentkörner
frischgemahlener schwarzer Pfeffer
Salz
2 Gemüsezwiebeln
5 Knoblauchzehen

500 g Fleischtomaten
3 EL gehackte Korianderblätter

Für die Sauce:
2 EL geklärte Butter
2 EL Mehl
⅛ l Milch
2 Eier
¼ TL frischgeriebener Muskat
200 g Schafkäse

Von den Auberginen den Stengel mit dem Ansatz abschneiden. Längs in mehrere dünne Scheiben schneiden. Den Kürbis schälen und ebenfalls in längliche Scheiben schneiden.
In einer großen Pfanne etwas Öl erhitzen und die Gemüsescheiben darin in mehreren Portionen von beiden Seiten hellbraun anbraten. Beiseite stellen.
2 EL Olivenöl in einem Topf erhitzen. Die Zwiebeln fein hacken und darin glasig werden lassen. Den feingehackten Knoblauch hinzufügen und kurz weiterbraten. Das Hackfleisch hineingeben und unter stän-

digem Rühren anbräunen. Dann die Gewürze und Salz kurz mit anrösten.

Tomaten fein hacken und zum Fleisch geben. Alles zusammen ca. 5 Minuten schmoren lassen. Vom Feuer nehmen, und die gehackten Korianderblätter unterrühren.

Für die Sauce die geklärte Butter in einem Stieltopf zerlassen. Mehl hinzufügen und unter ständigem Rühren anbräunen. Nach und nach die Milch hineingießen und gut umrühren, damit sich keine Klümpchen bilden. Etwa 3 Minuten köcheln lassen, dann vom Herd nehmen. Die Eier hineinschlagen und alles mit Muskat und Salz verrühren. Schafkäse sehr fein würfeln und dazugeben.

Eine flache, rechteckige Backform dünn mit Öl auspinseln. Ein Drittel der Auberginen- und Kürbisscheiben abwechselnd hineinschichten. Die Hälfte der Fleischmischung darüberfüllen. Dann wieder eine Schicht Gemüse, darauf den Rest der Fleischmischung. Abschließend eine letzte Lage Auberginen und Kürbis und über allem gleichmäßig die Sauce verteilen.

Im vorgeheizten Ofen bei 200° ca. 40—50 Minuten backen. Die Oberfläche sollte schön gebräunt sein.

Zucchini in Joghurt
Muthauwam Kusa

Dieses Gericht wird von den Bauersfrauen des Jordantals besonders an den heißen Tagen während der Erntezeit zubereitet. Da die Männer in dieser Zeit gezwungen sind, auch während der Mittagshitze zu arbeiten, um die Ernte einzubringen, kochen die Frauen ihnen diese erfrischende und kühlende Mahlzeit, die die Männer nicht ermüdet.

500 g Zucchini	*5 EL Olivenöl*
5 Knoblauchzehen	*1 kleines Sträußchen*
Salz	*Petersilie*
150 g Joghurt	

Zucchini waschen, trockentupfen und auf einem offenen Grill oder im Ofen bei 250° so lange grillen, bis sie sehr weich sind und die Haut teilweise schwarz ist. Die verkohlten Schalen unter fließendem Wasser abwaschen, Stiele und Ansätze entfernen.
Knoblauch grob hacken und mit dem Salz in einem Mörser zerstoßen. Das Zucchinifleisch mit einer Gabel zerdrücken, mit dem Knoblauch und Joghurt vermischen, oder alles in einem Mixer pürieren. In eine Schüssel geben und das Olivenöl darübergießen.
Die Petersilie fein hacken und darüberstreuen.

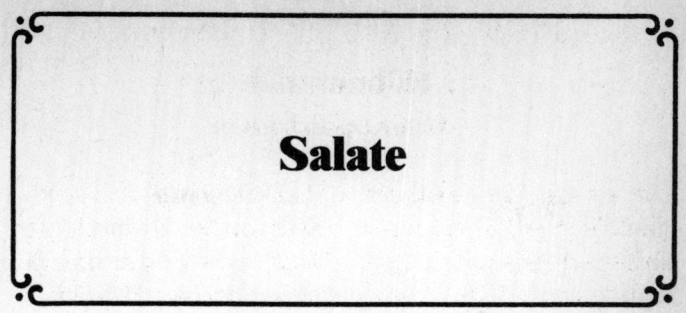

Salate

Petersilien-Joghurt-Salat
Salatat Baqdunis ma' Laban

1 Bund glattblättrige
Petersilie
1 Bund Radieschen, die
Blätter werden mitver-
wendet
100 g schwarze Oliven

2—5 eingelegte Pfeffer-
schoten
2 Knoblauchzehen
Salz
500 g Joghurt
2 EL Olivenöl

Petersilie und Radieschen waschen und fein hacken.
Oliven entsteinen, von den Pfefferschoten den Stiel
entfernen. Beides sehr klein schneiden.
Knoblauchzehen fein hacken und mit dem Salz in
einem Mörser zerdrücken. Mit dem Joghurt gut verrühren.
Alle Zutaten außer dem Öl in eine Salatschüssel geben und gut durchmischen. 30 Minuten ziehen lassen.
Vor dem Servieren das Olivenöl darübergießen.

Hühnersalat
Salatat Dadschadsch

500 g gekochtes Hühner-
fleisch
4 frische, reife Mais-
kolben
2 kleine Spitzpaprika
½ Zwiebel
½ TL schwarze Senf-
körner

2 EL Olivenöl
Saft von ½ Zitrone
1 EL Sumak (in arabischen
und türkischen Läden
erhältlich)
Salz

Das Hühnerfleisch klein schneiden und in eine Schüs-
sel geben.
Die Maiskolben in einem Topf mit etwas Wasser zum
Kochen bringen und zugedeckt ca. 20 Minuten kö-
cheln lassen, bis sie weich sind. Abkühlen lassen und
die Körner von den Kolben lösen.
Paprika und Zwiebel in feine Ringe schneiden.
Die Senfkörner im Mörser zerstoßen und mit 2 EL
Wasser verrühren. Öl, Zitronensaft, Sumak und Salz
hinzufügen.
Alle Zutaten gründlich mischen, und vor dem Servie-
ren 1 Stunde durchziehen lassen.

Paprika-Käse-Salat
Salatat Filfil wa Dschibna

3 rote Paprikaschoten
1 Zwiebel
1 Sträußchen frische
Minze
3 Fleischtomaten
300 g Schafkäse

2 EL Olivenöl
Saft von $\frac{1}{2}$ Zitrone
frischgemahlener
schwarzer Pfeffer
Salz
4 grüne Pfefferschoten

Die Paprikaschoten über einem offenen Grill von allen Seiten rösten, bis die Haut Blasen wirft und schwarze Flecken bekommt. Etwas abkühlen lassen, dann unter fließendem Wasser die Haut abziehen. Stiel und Kerne entfernen. Das Paprikafleisch in kleine Stücke schneiden und in eine Schüssel geben.
Die Zwiebel und Minze fein hacken und hinzufügen. Tomaten und Schafkäse fein würfeln und ebenfalls dazugeben.
Öl, Zitronensaft, Pfeffer und Salz verrühren und darübergießen. Alles gut vermischen und mit den Pfefferschoten garnieren.

Sesammus-Salat

Salatat Tahina

2 Eier
100 g Sesammus
1 kleine Zitrone
frischgemahlener Pfeffer
Salz
100 g glattblättrige Petersilie

2 Lauchzwiebeln
50 g schwarze Oliven
1 kleine grüne Pfeffer-
schote
1 EL Olivenöl
Radieschen zum
Garnieren

Die Eier hart kochen, schälen und fein würfeln.
Sesammus mit dem Zitronensaft verrühren, eventuell
etwas Wasser hinzufügen. Pfeffer und Salz darüberstreuen.
Petersilie und Lauchzwiebeln fein hacken. Oliven
entsteinen und vierteln. Die Pfefferschote sehr fein
schneiden.
Alle Zutaten in eine Schüssel geben. Olivenöl hinzufügen und den Salat gut mischen. Mit Salz abschmek-
ken und 1 Stunde durchziehen lassen.
Mit Radieschenscheiben garnieren.

Bauernsalat

Salatat l-Fallah

(Foto gegenüber S. 32)

2 Köpfe Römischer Salat
10 kleine Gurken
6 Eiertomaten
4 Spitzpaprika
200 g Schafkäse
10 schwarze Oliven
1 Lauchzwiebel
1 Bund glattblättrige
Petersilie
1 kleines Sträußchen
frischer Dill

3 EL Olivenöl
Saft von ½ Zitrone
frischgemahlener
schwarzer Pfeffer
Salz
Zitronenscheiben zum
Garnieren

Die Salatblätter in kleine Stücke rupfen, Gurken unge-
schält in Scheiben schneiden, Tomaten, Paprika und
Schafkäse fein würfeln. Die Oliven halbieren und entsteinen. Lauchzwiebel und Kräuter fein hacken.
Öl, Zitronensaft, Pfeffer und Salz in einer Schüssel verrühren, die übrigen Zutaten hineingeben und alles gut
durchmischen.
Mit Zitronenscheiben garnieren.

Senfblätter-Salat
Salatat Khardal

Die Blätter des schwarzen Senfs sind im Sommer in orientalischen Läden erhältlich. Sie ähneln Brokkoli-blättern und schmecken scharf-aromatisch.

500 g Senfblätter	Salz
200 g Joghurt	2 Tomaten
Saft von ½ Zitrone	10 schwarze Oliven
2 EL Olivenöl	

Die Senfblätter waschen und sehr fein schneiden.
In einer großen Schüssel Joghurt, Zitronensaft, Öl und Salz verrühren.
Die Senfblätter hineingeben und gut vermischen.
Die Tomaten achteln und mit den Oliven als Garnie-rung obenauf legen.

Gurkensalat
Salatat Khijar

2 Knoblauchzehen	500 g kleine Gurken
Salz	Pfeffer
100 g Sesammus	1 Sträußchen Koriander-
Saft von 1 Zitrone	blätter

Knoblauchzehen fein hacken und mit dem Salz in ei-nem Mörser zerstoßen.

Sesammus in dem Zitronensaft und etwas Wasser auflösen. Pfeffer darüberstreuen.
Gurken in kleine Würfel schneiden, Korianderblätter fein hacken.
Alle Zutaten außer den Korianderblättern in eine Salatschüssel geben, gut durchrühren und 30 Minuten ziehen lassen. Mit den gehackten Korianderblättern garnieren.

ARABISCHE EMIRATE

Gemischter Salat
Salata Muschakkala

Für Salat verwendet man in der Golfregion gerne eine kresseartige Pflanze (*Arabis caucasia*), die bei uns nicht erhältlich ist. Man kann sie aber gut durch Senfrauken- oder Rettichblätter ersetzen.

500 g Tomaten
500 g kleine Gurken
2 Spitzpaprika
1 großes Bund Senf-
rauken- oder Rettich-
blätter

1 Kopf Römischer Salat
2 EL weißer Essig
Salz

Die Tomaten grob würfeln, Gurken und Paprika in Scheiben schneiden, Senfraukenblätter fein hacken und den Salat in kleine Stücke rupfen.
Alles in eine Schüssel geben, Essig und Salz hinzufügen und gut mischen.
10 Minuten durchziehen lassen.

Endiviensalat
Salatat Hindiba

2 große Köpfe Endivien
4 große Möhren
10 Mandeln
2 Knoblauchzehen
150 g Joghurt
2 EL Olivenöl

1 EL geriebene Orangen-
schale
frischgemahlener
schwarzer Pfeffer
Salz

Die Endivienblätter gründlich waschen und zerpflük-
ken.
Möhren schälen und in feine Scheiben schneiden.
Die Mandeln mit kochendem Wasser überbrühen,
enthäuten und halbieren. In einer trockenen Pfanne
unter Rühren hellbraun anrösten. Abkühlen lassen.
Knoblauch fein hacken und in eine große Schüssel
geben. Mit dem Joghurt, Olivenöl, Gewürzen und
Salz zu einer Sauce verrühren.
Endivien, Möhren und Mandeln hineingeben und alles gut vermischen. Sofort servieren.

SUDAN

Okrasalat
Salatat Bamija

1 kg frische Okraschoten
1 EL Salz
2 EL Pflanzenöl
Saft von 1 Zitrone

1 Knoblauchzehe
¼ TL Koriander
frisch gemahlener
weißer Pfeffer

Von den Okraschoten die obere Schicht der Kappen entfernen. Die Schoten in einen Topf geben, mit Wasser bedecken und das Salz hinzufügen. Zum Kochen bringen und ca. 10 Minuten kochen lassen, bis sie weich sind.

Öl und Zitronensaft in einer Schüssel verrühren. Die Knoblauchzehe sehr fein hacken und hinzufügen. Mit Koriander und Pfeffer mischen.

Die Okraschoten herausnehmen, abtropfen lassen und in Scheiben schneiden. In die Schüssel geben und alles gut vermischen.

1 Stunde durchziehen lassen.

Löwenzahnsalat

Salatat Tarakhaqschun

500 g junge Löwenzahn-
blätter
½ Knoblauchzehe
100 g Joghurt
1 EL Zitronensaft

2 EL Olivenöl
frisch gemahlener
schwarzer Pfeffer
Salz
50 g Walnußkerne

Die Löwenzahnblätter gründlich waschen und sehr fein schneiden.

Eine Schüssel mit der Knoblauchzehe ausreiben.

Joghurt, Zitronensaft, Öl, Pfeffer und Salz zu einer cremigen Sauce verrühren und über den Löwenzahn gießen.

Die Walnüsse grob hacken und unter den Salat mischen.

Rettichsalat
Salatat Fidschl

2 große rote Rettiche
Salz
Saft von ½ Zitrone
1 großes Bund Portulak

1 Granatapfel
2 EL Olivenöl
frisch gemahlener
schwarzer Pfeffer

Die Rettiche unter fließendem Wasser gründlich ab-
bürsten. Auf einer Rohkostreibe grob raspeln. In eine
Schüssel geben, Salz und Zitronensaft daruntermi-
schen. Zugedeckt 30 Minuten ziehen lassen.
Den Portulak fein hacken. Den Granatapfel schälen
und die Fruchtkerne herauslösen.
Beides zu dem Rettich geben, und mit Olivenöl und
Pfeffer gut vermischen.

Orangen-Radieschen-Salat
Salatat Burtuqal ma' Fidschl

2 rote Rettiche mit
Blättern oder
1 Bund Radieschen
Salz

4 Orangen
20 schwarze Oliven
1 großer Granatapfel
Saft von ½ Zitrone

Die Rettiche mit den Blättern unter fließendem Wasser sorgfältig waschen. Die Wurzeln in hauchdünne
Scheiben schneiden und in eine Schüssel geben. Mit
Salz bestreuen und 15 Minuten stehenlassen, damit
sie Wasser ziehen.

Die Blätter fein hacken und dazugeben.

Orangen schälen, in Spalten teilen und diese jeweils in 4—5 Stücke schneiden. Oliven halbieren und entsteinen. Beides in eine Schüssel geben.

Die Fruchtkerne aus dem Granatapfel herauslösen und mit dem Zitronensaft hinzufügen. Für dieses Rezept wird ein süßer Granatapfel verwendet. Wenn aber nur ein saurer erhältlich ist, läßt man den Zitronensaft weg.

Alles gut vermischen und kühl servieren.

ALGERIEN

Rüben-Apfel-Salat
Salatat Lift wa Tuffah

4 weiße Rüben	4 große, gelbe Äpfel
Salz	Cayennepfeffer
1 unbehandelte Zitrone	

Die Rüben schälen und halbieren. In hauchdünne, halbmondförmige Scheiben schneiden und in eine Schüssel geben. Mit Salz bestreuen und den Saft einer halben Zitrone darübergießen. Gut durchrühren und zugedeckt 1 Stunde stehenlassen.

Die Äpfel schälen und in mittelgroße Würfel schneiden. Mit dem Saft der restlichen halben Zitrone beträufeln und unter die Rüben mischen.

Ein wenig abgeriebene Zitronenschale und den Cayennepfeffer über den Salat geben. Gut durchrühren und noch 20 Minuten an einem kühlen Ort durchziehen lassen.

Zu Kuskus oder Reisgerichten servieren.

Reis und Kuskus

Safranreis
Ruzz bi-z-Za'farn

500 g Langkornreis	$\frac{1}{2}$ TL Safran
3 EL Butterfett	Salz
100 g Rosinen	1 EL Rosenwasser

Den Reis unter fließendem Wasser waschen und in eine Schüssel geben. Mit Wasser bedecken und 1 Stunde weichen lassen. Zum Abtropfen in ein Sieb geben.

Butter in einem Topf erhitzen. Den Reis darin unter ständigem Rühren 3 Minuten anrösten. Mit 1 l Wasser bedecken, Rosinen, Safran und Salz hinzufügen und zum Kochen bringen.

Zugedeckt bei milder Hitze etwa 20 Minuten köcheln lassen, bis der Reis gar und die Flüssigkeit aufgesogen ist.

Mit Rosenwasser besprenkeln und servieren.

Reis mit Kichererbsen

Ruzz ma' Hummus

250 g Kichererbsen	frisch gemahlener
6 EL Olivenöl	schwarzer Pfeffer
4 Lauchzwiebeln	Salz
1 EL Rosenpaprika	500 g Langkornreis
	50 g Pinienkerne

Kichererbsen verlesen, mit Wasser bedecken und über Nacht einweichen. Am nächsten Tag mit dem Einweichwasser zum Kochen bringen und 30 Minuten köcheln lassen.

5 EL Öl in einem Topf erhitzen. Lauchzwiebeln fein hacken und darin glasig werden lassen. Gewürze und Salz hinzufügen und kurz mit anrösten.

Die Kichererbsen durchseihen, das Kochwasser auffangen. Kichererbsen und Reis zu den Zwiebeln geben.

Das Kochwasser bis zu 1¼ l mit Brühe oder Wasser ergänzen und in den Topf gießen. Alles zum Kochen bringen und bei milder Hitze zugedeckt 25 Minuten köcheln lassen.

Die Pinienkerne in einer Pfanne mit 1 EL Öl unter Rühren braun anrösten. Als Garnierung über den fertigen Reis streuen.

Diesen Reis reicht man normalerweise als Beilage zu Fleisch- oder Gemüsegerichten. Er schmeckt aber auch als Hauptgericht sehr gut, mit Zitronenscheiben zum Beträufeln und Bauernsalat (siehe Rezept S. 103).

Linseneintopf (Rezept S. 30) ▷

Gestürzter Reiskuchen
mit Dicken Bohnen

Maqlubat Ful

(Foto gegenüber)

500 g klebrig kochender Reis
1 kg Lammfleisch
4 EL Olivenöl
½ TL ganzer Kreuzkümmel
1 kg grüne Dicke Bohnen (bei jungen Bohnen mit zarten

Schoten nur 500 g und die Schoten mitverwenden)
2 Zwiebeln
1 Sträußchen Ysop
1 TL Rosenpaprika
½ TL Cayennepfeffer
Salz

Reis verlesen, waschen und in eine Schüssel geben. Mit ¾ l Wasser bedecken und 1 Stunde weichen lassen.

Das Fleisch in kleine Würfel schneiden.

In einem Topf 2 EL Öl erhitzen, die Kreuzkümmelkörner und das Fleisch hineingeben und unter ständigem Rühren 5 Minuten anbraten. Mit ½ l Wasser ablöschen und je nach Zartheit des Fleisches 1—1½ Stunden auf kleiner Flamme köcheln lassen.

Bohnen entkernen. Bei Verwendung von zarten Bohnen, diese nur entfädeln und in 1 cm große Stücke schneiden.

Die Zwiebeln in Ringe schneiden.

In einer Pfanne das restliche Öl erhitzen und die Zwiebeln und Bohnen darin 5 Minuten unter Rühren anbraten.

Den Ysop fein hacken, mit den übrigen Gewürzen

und Salz über die Bohnen streuen und kurz weiterrühren.

In einem flachen Topf 1 EL Reis auf dem Boden verteilen. Das Fleisch darauflegen und die Bohnen-
Zwiebel-Mischung darüberschichten.

Den Reis abtropfen lassen und das Einweichwasser
auffangen. Dann den Reis als abschließende Schicht
in den Topf geben, und alles mit einem feuerfesten
Teller beschweren. Das Einweichwasser auf den Teller
gießen und den Topf schließen. Bei sehr milder Hitze
köcheln lassen, bis das Wasser völlig aufgesogen und
der Reis gar ist.

Den Teller entfernen und eine flache Servierplatte
umgekehrt auf den Topf legen. Vorsichtig stürzen und
den Topf langsam abheben.

Zu dem Reiskuchen reicht man Joghurt und gemisch-
ten Salat.

Orangenreis
Ruzz ma' Burtuqal

500 g Langkornreis   Salz
3 Zwiebeln   50 g Mandeln
2 EL geklärte Butter   1 unbehandelte Orange
frisch gemahlener   1 EL Orangenblüten-
schwarzer Pfeffer   wasser

Den Reis in 1 l Wasser 30 Minuten einweichen.
Zwiebeln in Ringe schneiden. In einem Topf die Butter erhitzen und die Zwiebelringe darin andünsten.
Den Reis abtropfen lassen, das Einweichwasser auffangen. Reis in der Butter kurz mit anrösten, Pfeffer
und Salz darüberstreuen, dann mit dem Einweichwasser ablöschen. Alles zum Kochen bringen und zugedeckt auf kleiner Flamme 20 Minuten köcheln lassen. Vom Feuer nehmen und ausquellen lassen.
Mandeln mit kochendem Wasser überbrühen, enthäuten und halbieren. In einer trockenen Pfanne unter Rühren hellgelb rösten.
Die Orange heiß waschen und fadenförmig die äu-
ßere Schale abschälen. Die feinen Spiralen in etwa
3 cm lange Stücke schneiden und unter den Reis mischen. Dann die Orange halbieren und auspressen.
Den Saft mit dem Orangenblütenwasser mischen und
unter den Reis rühren. Die Mandeln darüberstreuen.

Reis mit Hühnerinnereien

Ruzz ma' Akbad wa Qulub d-Dadschadsch

500 g Langkornreis	1 TL Koriander
500 g Hühnerinnereien	½ TL Kurkuma
2 EL Pflanzenöl	Cayennepfeffer
1 Knoblauchknolle	Salz
1 EL Rosenpaprika	

Den Reis in ein Sieb geben, unter fließendem Wasser waschen und abtropfen lassen.

Hühnerinnereien waschen, trockentupfen und in mittelgroße Stücke schneiden.

Öl in einem Topf erhitzen. Knoblauch grob hacken und mit den Gewürzen und Salz darin anrösten. Die Fleischstückchen hinzufügen und rundherum anbraten.

Den Reis mit 1¼ l Wasser dazugeben, zum Kochen bringen und zugedeckt 25 Minuten köcheln lassen.

Dazu paßt Gurkensalat (siehe Rezept S. 104).

Reis mit Zucchini

Ruzz ma' Kusa

500 g Zucchini	½ TL Cayennepfeffer
5 EL Olivenöl	Salz
3 Lauchzwiebeln	500 g Langkornreis
1 TL Curry	1 Sträußchen Dill
1 TL Rosenpaprika	

Zucchini waschen und in kleine Würfel schneiden.
Öl in einem großen Topf erhitzen. Die Lauchzwiebeln fein hacken und darin anbraten. Gewürze und Salz hinzufügen und kurz mit anrösten.
Die Zucchiniwürfel dazugeben und 5 Minuten unter Rühren anbraten. Dann mit 1 l Wasser ablöschen.
Den Reis hineingeben und alles zum Kochen bringen. Bei schwacher Hitze etwa 25 Minuten köcheln lassen, bis alle Flüssigkeit aufgesogen ist.
Den Dill fein hacken und darüberstreuen.

IRAK

Reis mit Datteln und Aprikosen
Timman ma' Tamr

500 g Langkornreis	1 TL Zimt
3 EL Butter	frisch gemahlener
100 g getrocknete	schwarzer Pfeffer
Aprikosen	Salz
200 g getrocknete	
Datteln	

Reis unter fließendem Wasser gut waschen, in einen Topf geben und mit 1 l Wasser bedecken. 15 Minuten kochen lassen, dann abseihen.
Butter in einem Topf erhitzen. Aprikosen und Datteln kleinschneiden und darin kurz andünsten. Gewürze und Salz dazugeben und kurz weiterbraten. Mit $\frac{1}{8}$ l Wasser ablöschen.
Den Reis dazugeben, gut vermischen und zugedeckt bei geringer Hitze so lange köcheln lassen, bis die Flüssigkeit vollständig aufgesogen ist.

Reis mit Nüssen

Ruzz ma' Bunduq wa Lauz

500 g Langkornreis	1 TL Zimt
3 EL geklärte Butter	½ TL Muskat
6 Knoblauchzehen	frisch gemahlener
100 g Haselnußkerne	schwarzer Pfeffer
100 g Mandeln	Salz
100 g Pistazien	1 EL Rosenwasser
1 TL zerstoßener Piment	

Reis in ein Sieb geben, unter fließendem Wasser waschen und abtropfen lassen.

Butter in einem Topf erhitzen. Knoblauch grob hakken und mit den Nüssen unter ständigem Rühren anrösten. Gewürze und Salz hinzufügen und kurz weiterbrühen.

Den abgetropften Reis dazugeben, mit 1¼ l Wasser bedecken und zum Kochen bringen. Auf kleiner Flamme 25 Minuten köcheln lassen.

Vor dem Servieren Rosenwasser darübersprenkeln.

Dazu reicht man Petersilien-Joghurt-Salat (siehe Rezept S. 99).

Kuskus

Kuskus ist das Hauptgericht der Maghrebländer. Es besteht aus dem gedämpften, gesalzenen Kuskus und einer scharfen Sauce mit großen Gemüse- und Fleischwürfeln. Der Kuskus selbst ist ein in einem speziellen Verfahren mit Mehl überzogener Grieß, der vor dem Dämpfen in Wasser eingeweicht wird. Dann füllt man ihn in den oberen, siebartigen Teil eines Kuskustopfes und läßt darunter die entsprechende Sauce schmoren. Süßer Kuskus wird nur über kochendem Wasser gegart.

Wer keinen Kuskustopf besitzt, füllt den Kuskus in ein feinmaschiges Sieb und setzt dieses auf einen genau passenden Topf. Am Rand sollte möglichst kein Dampf entweichen können. Das Sieb darf nicht so tief hängen, daß es die Sauce berührt.

MAROKKO

Kuskus mit Huhn
Kuskus ma' Dadschadsch

500 g Kuskus	10 Perlzwiebeln
Salz	10 grüne Oliven
4 Hähnchenschenkel	2 EL Tomatenmark
4 EL Olivenöl	1 TL Ingwer
300 g frische dicke	$^1\!/_2$ TL Kreuzkümmel
Bohnen	Rosenpaprika
1 Stück Kürbis	Salz
1 Zucchini	1 Bund glattblättrige
2 Paprikaschoten	Petersilie

Den Kuskus in eine Schüssel geben, mit gesalzenem Wasser bedecken und quellen lassen.

Die Hähnchenschenkel waschen und trockentupfen. In einem großen Topf das Öl erhitzen und die Schenkel darin von allen Seiten 5 Minuten anbraten.

Die Bohnen entkernen, Kürbis schälen und in große

Stücke schneiden. Zucchini und Paprika ebenfalls
grob würfeln.
Die Perlzwiebeln zu den Hähnchenschenkeln geben
und kurz anbraten. Tomatenmark mit ½ l Wasser verrühren und damit ablöschen. 30 Minuten köcheln lassen.
Oliven entsteinen und mit dem Gemüse, Gewürzen
und Salz hinzufügen. 1 l Wasser angießen und zum
Kochen bringen.
Den Kuskus in ein Sieb geben und über den Topf hängen. Alles 30 Minuten garen lassen.
Kuskus auf eine Platte stürzen, die Hähnchenschenkel
und Gemüsestücke darauf verteilen und alles mit der
Sauce übergießen.

TUNESIEN

Kuskus mit Fisch
Kuskus ma' Samak

150 g Kichererbsen	Harisa (siehe Rezept
1 kg Fischfilet	S. 146)
Saft von 1 Zitrone	¼ TL Safran
2 große Zwiebeln	Salz
4 Möhren	500 g Kuskus
2 weiße Rüben	1 TL gemahlene Rosen-
2 Paprikaschoten	knospen
1 Zucchini	1 Prise Zimt
3 EL Olivenöl	

Kichererbsen mit Wasser bedecken und über Nacht
einweichen.

Die Fischfilets waschen, trockentupfen und in Würfel schneiden. Mit Zitronensaft beträufeln.

Zwiebeln halbieren und in Halbmonde schneiden. Möhren und Rüben schälen, Paprika entkernen, mit dem Zucchini in grobe Würfel schneiden.

Olivenöl in einem großen Topf erhitzen, die Zwiebeln und das Gemüse darin anbraten. Harisa dazugeben und kurz weiterbrühen. Dann mit 1½ l Wasser ablöschen. Zugedeckt 1 Stunde köcheln lassen.

Den Kuskus mit Salzwasser bedecken und 15 Minuten quellen lassen.

Die Fischstücke in den Topf geben und den Kuskus in einem Sieb darüberhängen. 20 Minuten köcheln lassen.

Den Safran in 1 Tasse Wasser auflösen und in die Sauce geben.

Butter, Rosenknospenpulver und Zimt unter den Kuskus rühren. Auf eine Platte stürzen und die Fisch- und Gemüsestücke darauflegen. Mit der Sauce übergießen.

Kuskus mit Gemüsesauce
Kuskus ma' Salsa Khudar

500 g Kuskus	4 EL Olivenöl
Salz	2 große Zwiebeln
6—8 Kartoffeln	1 Knoblauchknolle
4 Möhren	½ TL zerstoßener Piment
½ Sellerieknolle	½ TL Koriander
300 g frische Erbsen	frisch gemahlener
300 g grüne Bohnen	schwarzer Pfeffer
1 Fenchelknolle	1 EL Tomatenmark
4 Tomaten	

Kuskus mit Salzwasser bedecken und quellen lassen.
Kartoffeln, Möhren und Sellerie schälen und grob
würfeln.
Die Erbsen auspalen, Bohnen, Fenchel und Tomaten
in grobe Stücke schneiden.
Öl in einem großen Topf erhitzen. Die Zwiebeln grob
hacken und darin anbraten. Die Knoblauchzehen
schälen, aber ganz lassen. Kurz mit den Zwiebeln anrösten. Gewürze und Salz hinzufügen, weiterrühren,
dann das Gemüse hineingeben.
Tomatenmark in etwas Wasser auflösen und mit 1 l
Wasser in den Topf gießen. Alles zum Kochen bringen.
Den Kuskus in einem Sieb über das Gemüse hängen
und im Dampf 20 Minuten garen.
Auf eine Platte stürzen und die Gemüsesauce darübergießen.

Süßer Kuskus

Kuskus Hulw

500 g Kuskus
2 EL Butter
5 EL grobgehackte
Mandeln

2 EL Rosinen
Zucker nach Wunsch
1 TL Zimt

Den Kuskus in einer Schüssel mit Wasser bedecken und 15 Minuten quellen lassen.

In einem großen Topf 1½ l Wasser zum Kochen bringen. Den Kuskus in ein Sieb geben, darüberhängen und 20 Minuten im Dampf garen.

Währenddessen die Mandelstückchen in einer Pfanne ohne Fettzugabe unter ständigem Rühren goldgelb anrösten.

Den Kuskus auf eine Servierplatte stürzen, Butter, Rosinen, Zucker und Mandelstückchen untermischen und mit Zimt bestreuen.

Nach Wunsch kann man auch warme Milch darübergießen oder dazu trinken.

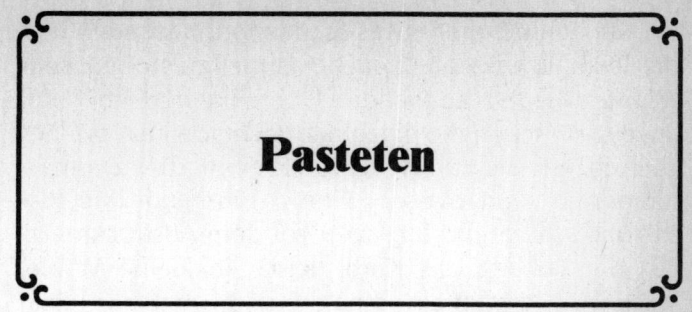

Pasteten

Kürbispastete
Fatirat Qar'

Für den Strudelteig:
225 g Mehl
½ TL Salz
1 EL Olivenöl
Stärkemehl zum
Ausziehen

Für die Füllung:
500 g Kürbisfleisch
6 mittelgroße Kartoffeln

2 EL Butter
2 Gemüsezwiebeln
1 Knoblauchknolle
frisch gemahlener
schwarzer Pfeffer
Salz
2 Eier
100 g Hartkäse
Olivenöl zum
Bepinseln

Mehl mit Salz mischen und ⅛ l Wasser einarbeiten. Das Öl hinzufügen und den Teig kräftig kneten, bis er geschmeidig ist. Je länger man knetet, desto besser läßt er sich später ausziehen. Zugedeckt 2 Stunden bei Zimmertemperatur stehenlassen. Dann in 6 Bällchen teilen und jedes gut durchkneten.

125

Ein Küchentuch mit etwas Stärkemehl bestreuen und die Teigbällchen darauf nacheinander zu großen, sehr dünnen Fladen auswellen. Übereinanderlegen und jeweils zwischen die einzelnen Teigfladen ein dünnes Tuch legen. Bis zur Weiterverarbeitung bei Zimmertemperatur stehenlassen. Eine darübergedeckte Plastikfolie schützt die Teiglagen vor dem Austrocknen.

Für die Füllung das Kürbisfleisch in kleine Würfel schneiden. Kartoffeln schälen und ebenfalls klein würfeln.

Butter in einem Topf erhitzen. Die Zwiebeln fein hakken und darin glasig dünsten. Die Knoblauchzehen fein würfeln, kurz mit anbraten, dann die Kürbis- und Kartoffelstücke sowie Pfeffer und Salz hinzufügen. Unter ständigem Rühren 15—20 Minuten weich dünsten.

Eine große Springform einfetten. Eine Teigplatte vorsichtig mit den Handrücken auseinanderziehen, bis sie fast durchsichtig ist. In die Form legen. Die Seiten sollen weit überlappen. Mit Öl bepinseln und eine zweite auseinandergezogene Teigplatte darüberlegen. Die Hälfte der Füllung gleichmäßig darauf verteilen.

Die Eier verschlagen, den Käse reiben. Auf die Füllung die Hälfte der Eimasse streichen, dann die halbe Menge Käse darüberstreuen. Das Ganze mit zwei weiteren ausgezogenen und eingeölten Teiglagen bedecken, die restliche Füllung, Ei und Käse daraufgeben und noch eine Teiglage darauflegen. Einölen und die überlappenden Teigränder von allen Seiten darüberfalten. Mit Öl bestreichen, die letzte Teigplatte ausziehen und mit den Rändern nach unten eingeklappt darauflegen. Die Oberfläche ebenfalls mit Öl bepinseln und die Pastete im vorgeheizten Ofen bei

225° etwa 30 Minuten backen, bis die Oberfläche braun und knusprig ist.
Die Pastete wie eine Torte aufschneiden und heiß servieren.

Gebackene Lauchröllchen
Fata'ir Kurrath

Ergibt 12 Stück:

*1 Portion Strudelteig
(siehe Rezept S. 125)*

Für die Füllung:
*100 g Fettstücke
vom Lamm
500 g Lauch*

*1 EL Kümmel
1 EL Koriander
1 TL Kurkuma
½ TL geriebener Muskat
frisch gemahlener
schwarzer Pfeffer
Salz
Öl zum Bepinseln*

Strudelteig nach Vorschrift zubereiten. In 12 Stücke teilen und jedes dünn auswellen. Die Lagen durch Pergamentpapier getrennt unter einem feuchten Tuch ruhen lassen.
Für die Füllung das Fett kleinschneiden und in einer Pfanne 5 Minuten erhitzen, bis es zur Hälfte zergangen ist.
Lauch fein hacken und darin weich dünsten. Gewürze und Salz hinzufügen und so lange weiterbraten, bis keine Flüssigkeit mehr vorhanden ist. Vom Feuer nehmen und abkühlen lassen.
Die Teiglagen zu sehr dünnen Rechtecken auseinanderziehen. Etwas Füllung auf den unteren Rand legen

und den Teig dann aufrollen, dabei die Seiten einschlagen. Die Röllchen mit Öl bepinseln und mit der Naht nach unten auf ein gefettetes Backblech setzen. Im vorgeheizten Ofen bei 225° etwa 15 Minuten hellbraun und knusprig backen.

SYRIEN

Leberscheiben im Teigmantel
Fata'ir Kidba

Ergibt 8 Pasteten:

1 Portion Strudelteig
(siehe Rezept S. 125)

Für die Füllung:
1 kg Lammleber
5 EL Olivenöl

3 große Zwiebeln
1 Sträußchen Korianderblätter
2 EL Sumak
frisch gemahlener
schwarzer Pfeffer
Salz
Öl zum Bepinseln

Den Strudelteig nach Vorschrift herstellen, in 8 Stücke teilen und jedes auswellen. Mit dazwischen gelegtem Pergamentpapier stapeln und mit einem feuchten Tuch abdecken.
Leber waschen, trockentupfen und in 8 dünne Scheiben schneiden.
3 EL Öl in einem Topf erhitzen. Die Leberscheiben darin von beiden Seiten jeweils ca. 3 Minuten anbraten, dann herausnehmen und auskühlen lassen.
Zwiebeln sehr fein würfeln und mit dem restlichen Öl in dem Topf glasig dünsten. Korianderblätter fein hakken und mit den Gewürzen und Salz hinzugeben. Vom Feuer nehmen und abkühlen lassen.

Die Strudelteigplatten zu hauchdünnen Rechtecken ausziehen. Jeweils eine Scheibe Leber auf den Rand legen und mit Zwiebeln bestreuen. Mit dem Teig einwickeln, dabei die Seiten einschlagen.
Die Päckchen mit der Naht nach unten auf ein gefettetes Backblech legen. Mit Öl bepinseln und im vorgeheizten Ofen bei 225° ca. 15 Minuten backen, bis der Teig braun und knusprig ist.

TUNESIEN

Gebratene Thunfischpasteten
Brik bi-Samak t-Tuna

1 Portion Strudelteig
(siehe Rezept S. 125)

Für die Füllung:
400 g frische Thunfisch-
filets
2 Zwiebeln
6 EL Olivenöl
1 Bund glattblättrige
Petersilie

1 EL Kapern
frisch gemahlener
schwarzer Pfeffer
Harisa (siehe Rezept
S. 146)
Salz
3 EL geriebener Hartkäse
4 Eier
Zitronenachtel zum
Servieren

Strudelteig nach Vorschrift zubereiten, in 8 gleich große Stücke teilen und diese zu Rechtecken auswellen. Mit dazwischenliegendem Pergamentpapier unter einem feuchten Tuch ruhen lassen.
Für die Füllung den Fisch in kleine Würfel schneiden. Zwiebeln fein hacken. 2 EL Öl in einer Pfanne erhitzen und die Zwiebeln darin goldgelb anbraten. Die Fisch-

stücke hinzufügen und 5—10 Minuten unter Rühren braten, bis sie gar sind.

Petersilie fein hacken, mit den Kapern, Gewürzen und Salz dazugeben und vom Feuer nehmen. Den Käse unterrühren.

Die Teiglagen hauchdünn ausziehen, mit Olivenöl einpinseln und zweimal falten, daß ein Quadrat entsteht. Etwas abgekühlte Füllung in eine Ecke geben.

Die Eier verschlagen und etwas davon gleichmäßig auf jede Füllung gießen. Die Teigränder mit Ei bestreichen und den Teig zu einem Dreieck umklappen.

In einer großen Pfanne das Öl erhitzen. Die Pasteten in mehreren Durchgängen hineingleiten lassen und auf jeder Seite etwa 3 Minuten braten. Auf Küchenkrepp abtropfen lassen und mit Zitronenachteln servieren.

PALÄSTINA

Erbsen-Mangold-Pastete
Fata'ir Bazilla' wa Silq

Für den Teig:
500 g Mehl
20 g Hefe
1 TL Salz

Für die Füllung:
300 g frische Erbsen
(Gewicht ohne Schoten)
500 g Mangold
3 EL Olivenöl

2 große Zwiebeln
1 rote Pfefferschote
1 Bund Oregano
1 Bund Minze
1 EL Kapern
1 TL Rosenpaprika
½ TL Muskatblüte
Salz
Öl für das Blech
und zum Bepinseln

Mehl in eine Schüssel geben, in die Mitte eine Mulde machen und die Hefe hineinbröckeln. Mit etwas lauwarmem Wasser auflösen. Salz auf den Mehlrand streuen, denn etwa ¼ l Wasser in die Mitte gießen und mit dem Mehl gründlich verkneten. Den Teigball mindestens 10 Minuten kräftig durchwalken, bis er geschmeidig ist und glänzt. Zugedeckt an einem warmen Ort 1 Stunde gehen lassen.

Erbsen auspalen, in einen Topf geben und in ¼ l Wasser 15 Minuten kochen lassen.

Die Mangoldblätter waschen und fein hacken.

In einer Pfanne das Öl erhitzen. Die Zwiebeln kleinschneiden und darin glasig dünsten. Pfefferschote, Oregano und Minze sehr fein hacken. Mit den Kapern, Gewürzen und Salz dazugeben und kurz weiterbraten. Alles zu den Erbsen geben, die Mangoldblätter hinzufügen und unter ständigem Rühren köcheln lassen, bis alle Flüssigkeit verdampft ist.

Den Teig in 16 gleich große Bällchen teilen und zu runden Fladen von etwa 12 cm Durchmesser auswellen. Jeweils etwas Füllung in die Mitte geben. Einmal zu Halbmonden umklappen und die Ränder fest zusammendrücken.

Die Pasteten auf ein gefettetes Backblech setzen und im vorgeheizten Ofen bei 225° 15 Minuten backen.

Mit etwas Öl bepinseln und noch 5 Minuten überbräunen.

Auberginen-Zucchini-Pasteten
Fata'ir Badhindschan wa Kusa

*1 Portion Hefeteig
(siehe Rezept S. 130)*

*Für die Füllung:
500 g Auberginen
Salz
Öl zum Fritieren*

*500 g Zucchini
2 EL Sumak
(in arabischen und
türkischen Ländern
erhältlich)
frisch gemahlener Pfeffer
Olivenöl zum Bepinseln*

Den Hefeteig wie beschrieben zubereiten und gehen lassen.

Auberginen in dünne Scheiben schneiden, in eine Schüssel geben und 2 EL Salz darüberstreuen. Mit Wasser bedecken und 1 Stunde stehenlassen. Herausnehmen und gut ausdrücken.

Öl in einem hohen Topf erhitzen und die Auberginenscheiben darin halbgar fritieren. Herausnehmen und abtropfen lassen.

Zucchini in dünne Scheiben schneiden und ebenfalls fritieren. Abkühlen lassen.

Den Hefeteig ausrollen und 16 Quadrate ausschneiden. Etwas Füllung in die Mitte jedes Vierecks geben, Sumak, Pfeffer und Salz darüberstreuen, dann die Ekken zu einer Teigtasche umklappen. Die Ränder fest andrücken.

Ein Backblech einfetten und die Pasteten darauflegen. Im vorgeheizten Ofen bei 225° 15 Minuten backen, dann mit Öl bestreichen und weitere 10—15 Minuten backen.

Sauerampferpasteten
Fata'ir Hummaid

1 Portion Hefeteig	frisch gemahlener
(siehe Rezept S. 130)	schwarzer Pfeffer
	Salz
Für die Füllung:	1 kg frische Sauer-
3 EL Olivenöl	ampferblätter
3 große Zwiebeln	50 g entsteinte schwarze
2 EL gerebelter	Oliven
Oregano	Öl zum Bepinseln

Den Hefeteig wie beschrieben zubereiten.

Öl in einem Topf erhitzen. Die Zwiebeln fein hacken und darin glasig dünsten. Gewürze und Salz darüberstreuen und kurz mit anrösten.

Sauerampfer waschen und kleinschneiden. Oliven fein hacken. Beides in den Topf geben und unter ständigem Rühren dünsten, bis alle Flüssigkeit verdampft ist. Abkühlen lassen.

Den Teig in 16 Bällchen teilen und diese zu Kreisen auswellen. Etwas Füllung in die Mitte jedes Kreises geben, den Teig an drei Seiten hochziehen und die Ränder fest zusammendrücken. Nach Wunsch in der Mitte eine Öffnung lassen.

Die Pasteten mit etwas Öl bepinseln und auf ein gefettetes Backblech setzen. Im vorgeheizten Ofen bei 225° 20—25 Minuten backen.

Hühnerpasteten
Fata'ir Dadschadsch

1 Portion Hefeteig
(siehe Rezept S. 130)

Für die Füllung:
1 Hähnchen von 1 kg
3 mittelgroße Zwiebeln
5 EL Butterfett
2 feste Tomaten
1 TL Kurkuma
1 TL Rosenpaprika

½ TL abgeriebene
Limonenschale
½ TL geriebener
frischer Ingwer
¼ TL Cayennepfeffer
Salz
1 Sträußchen glatt-
blättrige Petersilie
Fett zum Bestreichen

Den Hefeteig zubereiten und an einem warmen Ort gehen lassen.

Das Hähnchen gut waschen, in einen Topf geben und mit 1½ l Wasser bedecken. Zum Kochen bringen und bei milder Hitze ca. 1½ Stunden köcheln lassen. Herausnehmen, trockentupfen und das Fleisch von den Knochen lösen. In sehr kleine Würfel schneiden.

Zwiebeln fein hacken. Butterfett in einer Pfanne erhitzen und die Zwiebeln darin goldbraun braten.

Tomaten in feine Würfel schneiden, hineingeben und so lange unter Rühren braten lassen, bis die ganze Flüssigkeit verdampft ist.

Das Hühnerfleisch, Gewürze und Salz hinzufügen und kurz mit anrösten. Petersilie fein hacken und unterrühren. Vom Feuer nehmen und abkühlen lassen.

Den Teig in 16 Stücke teilen, zu Bällchen formen und diese auswellen. Etwas in die Mitte geben und den

Teig darüberklappen. Die Ränder fest zusammendrücken.

Die Halbmonde auf ein gefettetes Blech legen und im vorgeheizten Ofen bei 225° 15 Minuten backen. Mit zerlassenem Fett bestreichen und nochmals 15 Minuten backen.

LIBANON

Runde Fischpasteten
Fata'ir Samak

Für den Mürbteig:
500 g Mehl
200 g geklärte Butter
½ TL Salz

Für die Füllung:
750 g Fischfilet
Saft von 1 Zitrone
1 Zwiebel
2 EL geklärte Butter
5 Knoblauchzehen

2 EL Pinienkerne
1 kleines Sträußchen
Korianderblätter
1 Granatapfel
1 TL abgeriebene
Orangenschale
½ TL Cayennepfeffer
Salz
Fett für das Blech
Zitronenviertel zum
Garnieren

Mehl mit Salz mischen und in eine Schüssel geben. Die geklärte Butter unterkneten und zum Schluß noch 4 EL kaltes Wasser einarbeiten. Den Teig in Pergamentpapier wickeln und im Kühlschrank 1 Stunde ruhen lassen.

Den Fisch fein würfeln und mit Zitronensaft beträufeln.

Die Zwiebel in kleine Würfel schneiden. Butter in einer Pfanne erhitzen und die Zwiebelwürfel darin goldgelb anbraten. Knoblauch fein hacken und mit den Pinienkernen hinzufügen. Unter Rühren kurz anrösten.

Die Fischwürfel hineingeben und 5 Minuten anbraten.

Korianderblätter sehr fein schneiden. Den Granatapfel aufschneiden und die Fruchtkerne herauslösen. Beides mit den Gewürzen und Salz in die Pfanne geben und weitere 5 Minuten unter Rühren braten.

Den Mürbteig dünn ausrollen. 20 Kreise von etwa 10 cm Durchmesser ausstechen und die Hälfte davon auf ein gefettetes Blech legen. In die Mitte der Kreise etwas Füllung geben, die anderen Teigplatten als Deckel darauflegen. Vorsichtig die Ränder zusammenfügen und mit den Zinken einer Gabel fest andrücken.

Im vorgeheizten Ofen bei 225° etwa 20 Minuten backen. Dann auf Oberhitze schalten und noch 5 Minuten überbräunen.

Man serviert die Pasteten mit Zitronenvierteln zum Beträufeln.

Fruchtdreiecke
Fata'ir Fawakih

1 Portion Mürbteig	10 frische Datteln
(siehe Rezept S. 135)	1 EL Zimt
	½ TL Vanille
Für die Füllung:	¼ TL Kardamom
3 Äpfel	1 Prise Salz
2 Birnen	100 g Pistazien
5 Aprikosen	Fett für das Blech

Den Mürbteig zubereiten und kühl stellen.

Äpfel und Birnen schälen und in sehr kleine Stücke schneiden. Aprikosen und Datteln entsteinen und sehr fein würfeln.

Das Obst in einen Topf geben und bei mittlerer Hitze unter ständigem Rühren ca. 10 Minuten dünsten, bis alle Flüssigkeit verdampft ist. Die Gewürze und Salz hinzufügen und kurz weiterrühren, bis es zu duften beginnt.

Pistazien knacken und die braune Haut entfernen. In einer Pfanne ohne Fettzugabe kurz anrösten, dann mit den Früchten vermischen. Abkühlen lassen.

Den Mürbteig zu einer großen, rechteckigen Platte ausrollen und beliebig große Quadrate ausradeln.

Etwas Füllung auf die Spitze jeder Teigplatte legen und die andere Seite darüberklappen.

Die Dreiecke auf ein gefettetes Backblech setzen und im vorgeheizten Ofen bei 225° etwa 20 Minuten backken. Auf Oberhitze stellen und noch 5 Minuten überbräunen.

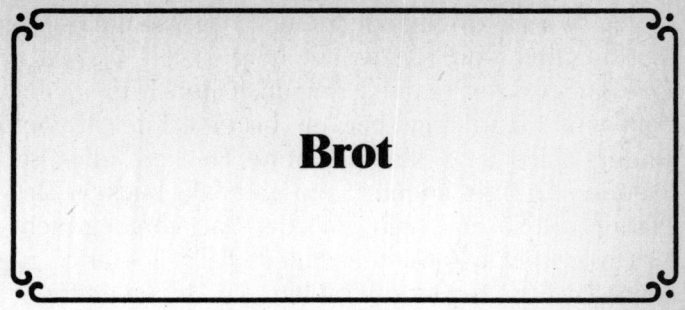

Brot

Dünne Brotfladen
Schirak

Schirak ist ein fast durchsichtiges Fladenbrot aus dünn ausgezogenem Teig. Es wird normalerweise auf einer Halbkugel gebacken, die über einem offenen Feuer erhitzt wird. Der Backvorgang dauert nur wenige Sekunden. Die Fladen lassen sich aber auch sehr gut in einer gußeisernen Pfanne zubereiten.

1 Portion Strudelteig (siehe Rezept S. 125)

Den fertig gekneteten Teig in ca. 20 Stücke teilen und diese zu Bällchen formen. Die Anzahl der Bällchen ist von der Größe der Pfanne abhängig. Daher ist es ratsam, ein Bällchen zur Probe auszuwellen und auseinanderzuziehen. Die fertige Teiglage muß genau in die Pfanne passen.
Die Teigstücke auf einem mit Stärkemehl bestäubten Küchentuch zu kleinen runden Fladen ausrollen. Vor-

sichtig so weit auseinanderziehen, daß sie durchsichtig sind, aber nicht reißen.

Eine gußeiserne Pfanne erhitzen. Einen Fladen hineinlegen und so lange backen, bis er sich leicht vom Boden ablöst und kleine braune Flecken aufweist. Wenden und die andere Seite ebenfalls backen. Die Pfanne soll so heiß sein, daß der Backvorgang nicht länger als etwa ½ Minute dauert. Falls sich aber zu schnell schwarze Flecken bilden, die Hitze kurzfristig reduzieren. Nacheinander alle Fladen backen.

Sollen die Brote weich bleiben, stapelt man sie in einem Küchentuch, das man jedesmal wieder fest verschließt. Ansonsten werden die Fladen knusprig und sehr brüchig.

Man kann Schirak als Unterlage für Fleisch oder Gemüse verwenden oder zu Saucen und Würzpasten reichen.

Hirsebrot
Khubz Dhura
(Foto gegenüber S. 33)

Hirsebrot ist nicht sehr beliebt, da es die Menschen an die schlechten Zeiten erinnert, als es nur das spröde und schwer zu verarbeitende Hirsemehl gab. Zudem trocknet das Brot sehr schnell aus und verliert an Geschmack. Für Feinschmecker jedoch bedeutet dieses Brot eine delikate und gesunde Abwechslung. Zu beachten ist nur, daß die Fladen noch heiß gegessen werden müssen, am besten direkt aus dem Ofen.

250 g Hirsemehl
15 g Hefe
1 TL Salz

1 Portion Knoblauch-
sauce (siehe Rezept
S. 147)

Das Mehl in eine Schüssel geben. In die Mitte eine Mulde machen, die Hefe hineinbröckeln und mit etwas Wasser auflösen.

Salz auf den Mehlrand streuen, und alles unter Zugabe von lauwarmem Wasser zu einem festen Teig kneten.

Zugedeckt an einem warmen Ort 2 Stunden gehen lassen.

Den Teig in 4 oder 8 runde Kugeln teilen. Jede auf einer leicht bemehlten Arbeitsfläche zu einem sehr dünnen Fladen auswellen. Auf ein gefettetes Backblech legen.

Im vorgeheizten Ofen bei 250° 10 Minuten backen. Dann die Temperatur auf 200° herunterschalten und noch 20 Minuten weiterbacken. Zum Schluß kurz unter dem Grill überbräunen.

Vorsichtig vom Blech lösen und heiß mit der Sauce servieren.

Anisbrot
Khubz ma' Jansun
(Foto gegenüber S. 33)

Dies ist ein lockeres Brot mit knuspriger Kruste. — Beim Brotbacken legen arabische Frauen eine Engelsgeduld an den Tag. Oftmals kneten sie das Brot bis zu einer Stunde, damit es leicht und locker wird. Besonders bei Vollkornbroten sollte man mindestens 10 Minuten durchhalten, auch wenn die Arme anfangen zu schmerzen. Die bessere Brotqualität wird es einem lohnen.

*500 g Weizenvollkorn-
mehl (man kann auch
bis zur Hälfte
Weizenschrot nehmen)
15 g Hefe
¼ l Milch*

*1 EL Salz
2 EL ganzer Anis
1 EL Sesamsamen
neutrales Pflanzenöl
zum Kneten
Sesam zum Bestreuen*

Mehl in eine Schüssel geben. In die Mitte eine Mulde machen und die Hefe hineinbröckeln. Die Milch erwärmen und über die Hefe gießen. Umrühren, bis sie sich aufgelöst hat. Salz auf den Mehlrand streuen.
Alles unter Zugabe von lauwarmem Wasser so vermischen, daß ein gut knetbarer Teig entsteht.
Anis und Sesam einarbeiten.
Die Hände einölen und den Teig mindestens 10 Minuten kräftig kneten. In einer zugedeckten Schüssel an einem warmen Ort 20 Minuten gehenlassen.
Den aufgegangenen Teig kurz durchkneten, in 3 gleich große Stücke teilen und diese zu runden, fla-

chen Broten formen. Zugedeckt nochmals etwa 20 Minuten gehen lassen.

Die Oberfläche mit Wasser bepinseln und mit Sesamsamen bestreuen.

Im vorgeheizten Ofen bei 220° 15 Minuten backen. Dann auf 200° herunterschalten und noch etwa 30 Minuten backen. Dabei öfter die Kruste mit Wasser bepinseln.

Zum Schluß kann man die Brote noch unter dem Grill überbräunen.

Frisch schmeckt Anisbrot besonders gut.

IRAK

Gewürzbrötchen
Khubz bi-l-Baharat
(Foto gegenüber S. 33)

500 g Mehl	2 EL gehackte Pistazien
100 g Butterfett	½ TL gemahlener Anis
15 g Hefe	½ TL gemahlener
Salz	Kümmel
2 Eier	¼ TL gemahlener Ingwer
1 EL kleine, helle	½ TL frisch gemahlener
indische Mohnsamen	schwarzer Pfeffer
(in asiatischen Lebens-	1 kleine rote Pfeffer-
mittelläden erhältlich);	schote
ersatzweise Blaumohn	50 g Schafkäse
2 EL Sesamsamen	

Mehl in eine Schüssel geben. Das Butterfett in kleinen Stückchen hineinschneiden und beides mit den Händen gut verkneten. Die Hefe in etwas Wasser auflösen und einarbeiten. Salz hinzufügen und so viel kaltes Wasser, daß ein geschmeidiger Teig entsteht. Gut durchkneten, und zugedeckt bei Zimmertemperatur 30 Minuten stehenlassen.

Währenddessen die Eier aufschlagen und in eine kleine Schüssel geben.

Mohn und Sesam verlesen. Mit den gehackten Pistazien in einer Pfanne ohne Fettzugabe kurz unter Rühren anrösten. Zum Abkühlen beiseite stellen.

Die anderen Gewürze, Salz und die feingehackte Pfefferschote mit dem Ei vermischen. Die abgekühlten, gerösteten Zutaten und den in kleine Würfel geschnittenen Schafkäse ebenfalls unterrühren.

Den Teig im 8 gleich große Stücke teilen und diese zu Bällchen formen. Mit dem Daumen unter ständigem Drehen in der Mitte eine tiefe Höhlung ausformen.

Die Brötchen auf ein gefettetes Backblech setzen, und jeweils etwas Eimischung in die Mulde geben.

Im vorgeheizten Ofen bei 220° etwa 40 Minuten backen. Die Brötchen sollen beim Daraufklopfen hohl klingen, aber noch weiß sein. Heiß oder kalt servieren.

Saucen, Gewürzmischungen und Pasten

Walnuß-Minze-Sauce
Salsat Dschauz wa Na'na'

Diese Sauce eignet sich sehr gut als Tunke für rohe Gemüsestückchen. Will man sie als Salatsauce verwenden, läßt man das Brot weg und nimmt statt dessen 150 g Joghurt.

1 kleines Fladenbrot	*⅛ l Olivenöl*
200 g Walnußkerne	*Saft von 1 Zitrone*
2 Knoblauchzehen	*frisch gemahlener*
Salz	*schwarzer Pfeffer*
1 kleines Sträußchen	
frische Minze	

Das Brot in etwas Wasser 10 Minuten einweichen, dann gut ausdrücken und zerpflücken.
Walnüsse in einer Nußmühle fein mahlen.
Knoblauchzehen kleinschneiden und mit etwas Salz in einem Mörser zerdrücken. Die Minze fein hacken.

Alle Zutaten in einen Mixer geben und zu einer cremigen Sauce verarbeiten. Falls nötig, etwas Wasser hinzufügen.

Harisa

300 g rote Pfeffer-	*1 Knoblauchknolle*
schoten	*4 EL Salz*
500 g reife, aber	*1 EL Kreuzkümmel*
feste Tomaten	*etwa ½ l Olivenöl*

Pfefferschoten entkernen und sehr fein schneiden.
Tomaten kleinschneiden und in einem Topf unter Rühren 10 Minuten andünsten. Abkühlen lassen.
Knoblauchzehen mit Salz in einem Mörser zerdrükken.
Pfefferschoten, Tomaten, Knoblauch und Kreuzkümmel gut mischen. Die Paste in ein Schraubglas geben, mit dem Olivenöl bedecken und fest verschließen.
Nach einer Woche ist sie gebrauchsfertig.
Beim Herausnehmen darauf achten, daß immer genügend Olivenöl die Paste bedeckt.

Knoblauchsauce
Taqlija

1 Knoblauchknolle
Salz
4 EL geklärte Butter

1 TL Koriander
¼ TL Cayennepfeffer

Die Knoblauchzehen fein hacken und mit Salz in einem Mörser zerdrücken.

Butter in einem Stieltopf erhitzen. Den Koriander darin kurz anrösten, dann Knoblauch und Cayennepfeffer hinzufügen.

Sofort vom Feuer nehmen und heiß servieren.

Gewürzmischungen

In vielen arabischen Ländern wird zum Frühstück eine Gewürzmischung gereicht. Man mischt sie mit Olivenöl und tunkt das frische Brot hinein. Die Zutaten können nach Geschmack variiert werden. Hier stellen wir drei der beliebtesten Mischungen vor. Man bewahrt das fertige Pulver in luftdicht verschlossenen Gläsern auf. Pro Person und Mahlzeit rechnet man 1—2 EL Gewürzmischung. Gewöhnlich wird zu einem solchen Frühstück süßer schwarzer Tee serviert.

Dukka

200 g Haselnüsse	1 Prise Zimt
100 g Sesamsamen	Salz
1 EL Rosenpaprika	1 TL getrocknete Minze

Die Haselnüsse grob hacken und in einer Pfanne ohne Fettzugabe unter Rühren anrösten. Auf einem Teller beiseite stellen.

Sesam ebenfalls rösten, bis er zu duften beginnt. Vom Feuer nehmen, die Nußstückchen, Rosenpaprika, Zimt und Salz hinzufügen und in der noch heißen Pfanne kurz mitrösten. Abkühlen lassen.

Die Minze etwas zerreiben und dazugeben. Alles zusammen im Mixer pulverisieren.

PALÄSTINA

Za'tar

100 g Sesamsamen	100 g getrockneter
Salz	Thymian
	50 g Sumak

Sesamsamen in einer trockenen Pfanne unter Rühren rösten, bis sie zu duften beginnen.

Salz hinzufügen, kurz weiterrühren, dann abkühlen lassen.

Mit dem Thymian und Sumak im Mixer pulverisieren.

Scharfe Gewürzmischung
Makhlut Harr

200 g vorbehandelte,
geröstete Kichererbsen
(in arabischen oder
türkischen Läden
erhältlich)

100 g getrockneter
Oregano
3 EL Cayennepfeffer
3 EL Rosenpaprika
Salz

Die Kichererbsen in einem Mörser zerstoßen.
Den Oregano fein zerreiben.
Beides mit den übrigen Zutaten im Mixer zu einem
feinen Pulver verarbeiten.

Linsen-Meerrettich-Paste
Ma'dschun 'Adas wa Fidschl Harr

300 g Linsen
2 Zwiebeln
2 EL geklärte Butter
1 Sträußchen Petersilie
1 EL geriebener
Meerrettich

Saft von $\frac{1}{2}$ Zitrone
frisch gemahlener
schwarzer Pfeffer
Salz

Linsen verlesen, in einen Topf mit Wasser geben und
sehr weich kochen. Zu einer Paste zerdrücken.
Die Zwiebeln fein hacken. Butter in einer Pfanne erhitzen und die Zwiebeln darin glasig dünsten.

Petersilie kleinschneiden, dazugeben und kurz andünsten. Linsen und Zwiebeln mit den anderen Zutaten zu einer geschmeidigen Masse verarbeiten.
Mit frischem Fladenbrot servieren.

Johannisbrot-Sesam-Paste
Dibis ma' Tahina

Diese Paste wird als Brotaufstrich gegessen. Normalerweise stellt man sie mit Johannisbrotsirup her, der jedoch hier kaum erhältlich ist. Wer ihn dennoch irgendwo auftreiben kann, nimmt für dieses Rezept 16 EL Sirup und läßt den Honig weg.

8 EL Johannisbrotpulver   *4 EL Butter*
10 EL Honig   *½ TL Vanille*
4 EL Sesammus   *1 Prise Salz*

Johannisbrotpulver und Honig mit einem Löffelrükken zu einer schokoladenbraunen Paste verkneten.
Sesammus mit der Butter glattrühren. Zu der Paste geben, etwas Salz darüberstreuen und alles zu einer geschmeidigen Masse verarbeiten.
In einem Schraubglas kühl aufbewahren.

Anmerkung: Johannisbrotpulver ist unter der Bezeichnung »Carob« in Naturkostläden oder arabischen Geschäften erhältlich.

Eingelegtes

ÄGYPTEN

Eingelegte Gurken
Mukhallal Khiar

1 kg sehr kleine Gurken
100 g Salz
1 Sträußchen Dill
1 Sträußchen Thymian
3 kleine Zwiebeln
3 kleine rote Pfeffer-
schoten

3 Lorbeerblätter
1 TL schwarze Pfeffer-
körner
1 TL schwarze
Senfkörner

Die Gurken unter fließendem Wasser abbürsten.
In einen großen Topf ca. 1½ l Wasser und das Salz geben. Erhitzen und einmal kurz aufkochen lassen,
dann zum Abkühlen beiseite stellen.
Kräuter waschen und eventuell kleinschneiden. Zwiebeln in Scheiben schneiden.
Abwechselnd Gurken, Kräuter, Zwiebelscheiben, Pfefferschoten und Gewürze bis zu drei Viertel Höhe in

gewaschene Schraubgläser schichten. Das Salzwasser darübergießen und die Gläser verschließen.

An einem zimmerwarmen Ort etwa 2 Wochen stehenlassen.

SYRIEN

Eingelegter Blumenkohl
Mukhallal Qarnabit

1 kg Blumenkohl	*5 Knoblauchzehen*
100 g Salz	*3 Lorbeerblätter*
3—5 kleine Pfeffer-	
schoten	

Den Blumenkohl in kleine Röschen teilen.

In einem großen Topf 2 l Wasser zum Kochen bringen. Den Blumenkohl darin 3 Minuten blanchieren, dann abtropfen lassen.

In einem anderen Topf 1½ l Wasser mit dem Salz zum Kochen bringen, kurz aufwallen und dann abkühlen lassen.

Die Blumenkohlröschen abwechselnd mit den Pfefferschoten, Knoblauchzehen und Lorbeerblättern bis zu drei Viertel Höhe in sauber ausgespülte Gläser schichten.

Das kalte Salzwasser darübergießen und die Gläser fest verschließen.

An einem zimmerwarmen Ort etwa 14 Tage stehenlassen.

Eingelegte grüne Tomaten

Mukhallal Banadura Khadra

Ein gutes Rezept, um Tomaten zu verwerten, die nicht mehr am Strauch zur Reife kommen können.

*1 kg kleine, feste grüne Tomaten
100 g Salz
5 Knoblauchzehen*

*3 kleine Pfefferschoten
1 EL Pfefferkörner*

Die Tomaten gut unter fließendem Wasser waschen. In einem großen Topf 1½ l Wasser und das Salz zum Kochen bringen. Einmal kurz aufwallen lassen, dann zum Abkühlen beiseite stellen.
Die Tomaten rundherum mit einem Messer leicht einritzen.
Abwechselnd mit den Knoblauchzehen, Pfefferschoten und Pfefferkörnern in saubere Gläser geben. Das obere Viertel muß frei bleiben.
Das Salzwasser darübergießen und die Gläser fest verschließen.
An einem mäßig warmen Ort etwa 14 Tage stehenlassen.

Gemüse in Essig
Turschi Muschakkal

In der gesamten Golfregion ißt man zu den Mahlzeiten gerne in Essig eingelegtes Gemüse. Besonders beliebt ist Mischgemüse, welches durch die roten Bete eine rosa-rote Färbung bekommt.

6 EL Salz	*1 kleiner Blumenkohl*
250 g kleine Gurken	*100 g grüne Bohnen*
250 g weiße Rüben	*5 Knoblauchzehen*
2 große Möhren	*1 Pfefferschote*
1 rote Bete	*300 ml weißer Essig*

Das Salz in 1 l Wasser auflösen, zum Kochen bringen und abkühlen lassen.
Das Gemüse gründlich waschen. Gurken, Rüben, Möhren und rote Bete schälen und in Würfel schneiden.
Blumenkohl in Röschen teilen, Bohnen in Stücke schneiden. Knoblauchzehen schälen und ganz lassen. Die Pfefferschote in große Stücke schneiden.
Nun schichtet man das Gemüse abwechselnd fest in saubere Schraub- oder Einmachgläser.
Das Salzwasser mit dem Essig vermischen und über das Gemüse gießen. Die Stücke müssen vollständig bedeckt sein.
Die Gläser fest verschließen und 3 Wochen an einem kühlen Ort stehenlassen.

Joghurtbällchen in Öl
Labana

Dieses Rezept dient der Haltbarmachung von Joghurt. Man kann die Bällchen sofort essen, sie schmecken aber besser, wenn man sie einige Tage durchziehen läßt.

2 kg Vollmilch-joghurt	1 EL Salz Olivenöl

Joghurt mit Salz vermischen und in ein sauberes Tuch geben. Das Tuch oben zusammenbinden und in einem kühlen Raum über einer Schüssel aufhängen. 5 Tage hängen lassen, bis die ganze Molke weitgehend abgetropft ist.
Mit eingeölten Händen aus dem Joghurtkäse kleine Bällchen formen und in ein sauberes Glas schichten. Vollständig mit Olivenöl bedecken.
Nach 10 Tagen sind die Bällchen gut durchgezogen.

Eingelegte Auberginen
Mukhallal Badhindschan

1 kg sehr kleine Auberginen	½ rote Paprikaschote
1 kleine Knoblauch-knolle	5—10 Pfefferschoten
1 EL Salz	3 EL feingehackte Walnüsse
	ca. 1 l Olivenöl

Von den Auberginen die Stengel mit dem Ansatz ab-
lösen.
In einem großen Topf 2 l Wasser zum Kochen brin-
gen. Die Auberginen darin 5 Minuten blanchieren.
Herausnehmen und gut trockentupfen.
Die Knoblauchzehen fein würfeln und mit dem Salz
in einem Mörser zerstoßen.
Paprika und Pfefferschoten sehr fein würfeln. In den
Mörser geben und zerdrücken. Den Mörserinhalt mit
den feingehackten Walnüssen vermischen.
Die Auberginen an einer Seite senkrecht aufschlitzen
und etwas von der Füllmasse hineindrücken.
Die gefüllten Auberginen fest in saubere Gläser
schichten, dabei soll möglichst keine Luft zwischen
ihnen verbleiben. Vollständig mit Olivenöl bedecken,
und die Gläser fest verschließen.
2—3 Wochen bei Zimmertemperatur stehenlassen.

Eingemachte Früchte

Wassermelonenmarmelade
Murabba Bittikh

1 kg Wassermelonen-
fleisch, ohne Schale
und Kerne
400 g Zucker

20 Mandeln
1 unbehandelte Zitrone
1 große Zimtstange

Das Melonenfleisch in kleine Stücke schneiden und
einen großen Topf damit zur Hälfte füllen. Den Zukker darunterrühren.

Mandeln mit kochendem Wasser überbrühen, enthäuten und halbieren. In einer Pfanne ohne Fettzugabe goldbraun rösten.

Die Zitrone spiralförmig abschälen, dann auspressen.

Die Zimtstange in mehrere Stückchen brechen.

Alles zusammen in den Topf geben und zum Kochen

bringen. Unter gelegentlichem Rühren etwa 40 Minuten köcheln lassen.
Wenn die Marmelade sirupartig vom Löffel fällt, in vorbereitete Gläser füllen und fest verschließen.

Honigmelonenmarmelade
Murabba Schammam

1 kg Honigmelonenfleisch, ohne Schale und Kerne	*1 unbehandelte Zitrone*
	2 ganze Kardamomkapseln
500 g Zucker	*2 Vanillestangen*

Das Melonenfleisch in kleine Würfel schneiden. Einen großen Topf zur Hälfte damit füllen und den Zucker zufügen. Gut verrühren und langsam erhitzen.
Die Zitrone spiralenförmig abschälen, dann auspressen.
Die Kardamomkapseln leicht aufdrücken, Vanillestangen längs aufschlitzen.
Alles in den Topf geben und etwa 40 Minuten kochen lassen, gelegentlich umrühren.
Wenn ein auf einen Teller gegebener Tropfen sofort geliert, die Marmelade heiß in vorbereitete, saubere Gläser füllen und fest verschließen.

Feigenmarmelade
Murabba Tin

500 g Kaktusfeigen   500 g blaue Feigen
(Gewicht ohne Schale)   1 TL abgeriebene
400 g Zucker   Zitronenschale

Kaktusfeigen wegen der Stacheln sehr vorsichtig schälen. Das Fruchtfleisch in kleine Stücke schneiden und in einen Topf geben. Den Zucker darunterrühren und das Ganze zum Kochen bringen. Etwa 5 Minuten kochen lassen, dann durch ein Sieb passieren, damit die harten Kerne zurückbleiben. Den Fruchtsirup zurück in den Topf geben.
Die Feigen waschen, entstielen, aber nicht schälen. In kleine Stücke schneiden und unter den Sirup rühren. Zitronenschale hinzufügen und alles zum Kochen bringen. 3 Minuten sprudelnd kochen lassen, dann heiß in saubere Gläser füllen und sofort verschließen.

Mangokonfitüre
Murabba Mangha

Man kann dieser Konfitüre zwar auch Gewürze hinzufügen, der Mangogeschmack allein ist aber so aromatisch, daß Gewürze eher stören.

1 kg Mangofrüchte   500 g Zucker
(Gewicht ohne Schale
und Stein)

Das Mangofleisch in sehr kleine Stücke schneiden.
In einen Topf geben, den Zucker unterrühren und alles zum Kochen bringen.
Unter gelegentlichem Rühren 10 Minuten kochen lassen.
In vorbereitete Gläser füllen und sofort verschließen.

Traubengelee
Murabbat 'Inab

1 kg blaue Weintrauben   1 Vanillestange
500 g Zucker

Die Trauben von den Stengeln lösen, gründlich waschen und halbieren. In einen Topf geben, den Zucker unterrühren und langsam erhitzen.
Wenn die Trauben genügend Saft gezogen haben, die aufgeschlitzte Vanillestange hinzufügen. 5 Minuten sprudelnd kochen lassen, dabei gelegentlich umrühren. Dann die Trauben durch ein Sieb drücken, damit die Schalen und Kerne zurückbleiben.
Den Saft wieder zurück in den Topf geben und erneut zum Kochen bringen.
Noch etwa 8 Minuten weiterköcheln lassen, bis der Saft sirupartig vom Löffel fällt.
Das Gelee sofort in saubere Gläser füllen und fest verschließen.

          Gefüllte Kohlblätter ▷
(Rezept S. 89)

Rosenhonig
Dschalandschabin

Dieses Rezept wurde im 14. Jahrhundert von dem größten Mediziner seiner Zeit, Nadschm ad-Din Mahmud al-Schirazi, in seinem Buch »Kitab l-Hawi fi 'Ilm t-Tadawi« aufgezeichnet. Es heißt darin, daß dieser Rosenhonig bei durch Kälte verursachten Magenschmerzen, schlechter Verdauung und Rheumatismus hilft.

1 kg frische, duftende Rosenblüten, am besten von Centifolien

1 kg süßer, erhitzter Honig

Von den Rosen die Kelche entfernen. Die Blütenblätter trocknen und pulverisieren. In ein Porzellan- oder Tongefäß geben und den Honig darübergießen. Mit einem dünnen Tuch bedecken.
Dann setzt man das Gefäß 30—40 Tage der Sonne aus, dabei jeden Tag morgens und abends gut umrühren.
Wenn der Honig fertig ist, das Gefäß gut verschließen.

◁ *Scheich des Gefüllten*
(Rezept S. 91)

Aprikosen in Sirup
Mischmisch bi-l-Qatr

2 kg kleine Aprikosen
1 kg Zucker
1 ungespritzte Zitrone

2 EL Orangenblüten-
wasser

Aprikosen waschen, halbieren und entsteinen.
Den Zucker in einen großen Topf geben, mit 1 l Wasser auffüllen und zum Kochen bringen.
Von der Zitrone etwas Schale abschneiden und beiseite legen. Dann die Zitrone auspressen und den Saft in das Zuckerwasser gießen.
Die Aprikosenhälften ebenfalls in den Topf geben und alles etwa 20 Minuten kochen lassen. Die Aprikosen müssen weich sein, dürfen aber nicht zerfallen. Herausnehmen und in verschließbare Gläser schichten.
Die Zitronenschale in Stücke schneiden und in den Sirup geben. Noch 15 Minuten kochen lassen, dabei ab und zu umrühren. Zuletzt das Orangenblütenwasser hineinträufeln.
Den heißen Sirup über die Aprikosen gießen, und die Gläser sofort verschließen.

Gebäck und Süßspeisen

Fadenteig-Gebäck
Kunafa Nabulsija

Wie der Name schon sagt, ist Kunafa eine Spezialität aus Nablus. Aber auch in anderen Städten der Gegend findet man es in jeder Konditorei. Besonders während des Fastenmonats Ramadan ist Kunafa die beliebteste Süßigkeit nach dem allabendlichen Fastenbrechen.

*200 g Kunafa-Teig
(in Läden erhältlich,
die orientalische
Lebensmittel führen)
200 g ungesalzene
Pistazien
abgeriebene Schale
von 1 Zitrone
eine Prise Salz*

*200 g frischer, ungesalzener Schafkäse;
ersatzweise Schichtkäse
400 g Zucker
Saft von ½ Zitrone
2 EL Butter
2 EL Orangenblütenwasser
grobgehackte Pistazien
zum Verzieren*

Die Hälfte des Kunafa-Teigs in eine feuerfeste Form legen.

Pistazien fein hacken, mit der abgeriebenen Zitronenschale und Salz mischen und in einer Pfanne ohne Fettzugabe unter Rühren kurz anrösten. Abkühlen lassen und mit dem Schafkäse verkneten. Die Masse gleichmäßig auf dem Kunafa-Teig verteilen und die andere Teighälfte darüberlegen.

In einem Topf 1 l Wasser zum Kochen bringen. Zukker, Zitronensaft und Butter hinzufügen, und so lange sprudelnd kochen lassen, bis die Flüssigkeit auf die Hälfte reduziert ist. Zum Schluß das Orangenblütenwasser hineingeben. Zwei Drittel des Sirups über den Teig gießen.

Im vorgeheizten Ofen bei 250° etwa 30 Minuten bakken. Dann herausnehmen, den restlichen Sirup darübergießen und mit den grobgehackten Pistazien bestreuen. Noch etwa 10 Minuten weiterbacken.

Dattel-Pistazien-Kuchen
Ka'k Tamr wa Fustuq Halabi

Für den Teig:
100 g Butter
2 EL Honig
2 Eier
⅛ l Milch
100 g Grieß
100 g Mehl
¼ TL Backpulver
¼ TL Vanille
1 Prise Salz

Für die Füllung:
150 g ungesalzene
Pistazienkerne
150 g Datteln ohne
Stein
Fett für die
Form

Butter und Honig schaumig rühren, Eier nacheinander zufügen, dann Milch, Grieß und das mit Backpulver, Vanille und Salz vermischte Mehl unterrühren.

Die Pistazien fein hacken und in einer Pfanne ohne Fettzugabe unter ständigem Rühren kurz anrösten, bis sie zu duften beginnen. Abkühlen lassen.

Datteln kleinschneiden und mit den Pistazien mischen.

Eine Kastenform einfetten, ein Drittel des Teigs auf dem Boden verteilen und glattstreichen. Die Hälfte der Füllung daraufgeben, wieder eine Schicht Teig darüberstreichen, die restliche Füllung darauflegen und mit einer Schicht Teig abschließen.

Im vorgeheizten Ofen bei 200° 40 Minuten backen.

Vorsichtig aus der Form lösen und abkühlen lassen.

Ausgebackene Orangenkringel
Ka'k Burtuqal Maqli

1 unbehandelte Orange	350 g Mehl
2 Eier	1 TL Backpulver
4 EL neutrales Pflanzenöl	Saft von ½ Zitrone
3 EL Honig	Öl zum Fritieren

Die Orange halbieren, eine Hälfte auspressen und deren Schale abreiben. Saft und Schale mit den Eiern, Öl und 1 EL Honig in einer Schüssel schaumig schlagen.

Das Mehl mit dem Backpulver mischen und langsam unter die Eimischung rühren. Der Teig soll zäh vom Löffel fallen, eventuell noch etwas Orangensaft hinzufügen. Zugedeckt 1 Stunde stehenlassen.

Die Hände etwas mit Mehl bestäuben und den Teig in 12 Stücke teilen. Zu kleinen Bällchen formen und in die Mitte ein Loch machen.

Das Ausbacköl in einem hohen Topf oder einer Friteuse erhitzen. Die Kringel hineingeben und auf jeder Seite etwa 3 Minuten backen. Wenn sie goldbraun sind, mit einem Schaumlöffel herausnehmen und auf Küchenkrepp abtropfen lassen.

2 EL Honig, Zitronensaft und etwa ¼ l heißes Wasser zu einer sirupartigen Flüssigkeit verrühren. Die Kringel nacheinander hineintauchen und auf Servierteller legen.

Von der zweiten Orangenhälfte sehr dünne Schalenspiralen abschälen, in kleine Stücke schneiden und über die Kringel streuen. Heiß servieren.

Gazellenknöchelchen

Ka'b l-Ghazal

Für den Teig:
500 g Mehl
½ TL Salz
350 g Butter

Für die Füllung:
250 g Mandeln
2 EL Butter

100 g Datteln
1 TL sehr fein
gerebelte Salbeiblätter
1 Prise Salz
Rosenwasser zum
Bepinseln
Puderzucker zum
Wälzen

Mehl mit Salz vermischen. Die Butter kleinschneiden und unter das Mehl kneten. Etwa 2 EL kaltes Wasser dazugeben und durchkneten. Der Teig soll gut zusammenhalten. Zugedeckt 1 Stunde kühl stellen.

Die Mandeln mit kochendem Wasser überbrühen und enthäuten. In einer Pfanne ohne Fettzugabe in mehreren Durchgängen unter Rühren goldgelb rösten. Dann in einer Nußmühle sehr fein mahlen. Mit der Butter im Mörser oder Mixer zu einer weichen Paste verarbeiten.

Die Datteln fein schneiden und in einen Topf geben. Mit 1 EL Wasser unter Rühren so lange dünsten, bis sie weich sind. Mit dem Salbei und Salz unter die Mandelpaste kneten.

Mehl auf eine Arbeitsplatte sieben. Den Teig halbieren, während die eine Hälfte verarbeitet wird, die andere wieder kühl stellen. Den Teig sehr dünn zu einem Rechteck ausrollen. In etwa 6 cm lange Quadrate schneiden.

Jeweils 1 EL der Mandelpaste zu einem länglichen Röllchen formen und quer auf eine Teigspitze des Quadrats legen. Aufrollen und zu Halbmonden biegen.

Auf ein ungefettetes Blech legen und bei 200° etwa 20 Minuten goldgelb backen. Mit Rosenwasser bepinseln und sofort in Puderzucker wälzen.

Sesamplätzchen

Ka'k Simsimija

200 g Sesammus	¼ TL gemahlene Nelken
50 g Butter	1 Prise Salz
100 g Honig	200 g Weizenmehl
1 TL Vanille	1 TL Backpulver
½ TL Kardamom	Sesamsamen zum
½ TL Zimt	Bestreuen

Sesammus, Butter, Honig, Gewürze und Salz schaumig rühren.

Das Mehl mit dem Backpulver mischen und gründlich unter die Sesampaste kneten. 2 EL Wasser einarbeiten und den Teig zugedeckt 30 Minuten kühl stellen. Kleine Kugeln formen, zu Talern flach drücken und mit der Oberseite in ein Schälchen mit Sesamsamen drücken. Mit der Unterseite auf ein gefettetes Backblech setzen.

Im vorgeheizten Ofen bei 220° 10 Minuten backen. In einer verschlossenen Dose aufbewahren.

Mandelgebäck

Maqrut

Für den Teig:
500 g Mandeln
150 g Zucker
1 EL abgeriebene
Zitronenschale
2 Eier
Mehl zum Formen

Für den Sirup:
100 g Zucker
200 ml Wasser
1 EL Orangenblüten-
wasser
Puderzucker zum
Wälzen

Die Mandeln mit kochendem Wasser überbrühen und enthäuten. Mit einem Tuch gut trockenreiben, dann in einer Nußmühle fein mahlen.

Mit dem Zucker, der Zitronenschale und den Eiern zu einer geschmeidigen, festen Masse verarbeiten.

Den Teig in 4 Stücke teilen, und jedes zu einer langen, rechteckigen Stange formen. Wenn der Teig zu sehr klebt, die Hände mit Mehl bestäuben. Mit einem Messer von den Stangen kleine Würfel oder abgestumpfte Dreiecke abschneiden. In Mehl wälzen und auf ein ungefettetes Backblech legen. Bei 175° etwa 15 Minuten überbräunen, dann herausnehmen und abkühlen lassen.

Für den Sirup Zucker mit dem Wasser zum Kochen bringen und unter ständigem Rühren etwa 20 Minuten köcheln lassen, dann zum Abkühlen beiseite stellen. Zum Schluß das Orangenblütenwasser einrühren.

Die Gebäckstücke in den Sirup tauchen und dann in Puderzucker wälzen.

In einem gut verschlossenen Gefäß aufbewahren.

Aprikosen-Nuß-Dessert
Salatat Mischmisch wa Dschauz

500 g getrocknete
Aprikosen
250 g Sultaninen
4 EL Honig
1 EL Orangenblüten-
wasser
100 g Walnüsse

100 g ungesalzene
Pistazien
etwas abgeriebene
Zitronenschale
1 TL grobgehackte
Pistazien zum
Garnieren

Aprikosen waschen und in kleine Stücke schneiden.
Die Sultaninen ebenfalls waschen und mit den Aprikosen in eine Schüssel geben. Mit Wasser bedecken
und 1 Stunde einweichen. Dann das Wasser abgie-
ßen.
Orangenblütenwasser mit Honig verrühren und unter
die Früchte mischen.
Walnüsse und Pistazien fein hacken und mit der abgeriebenen Zitronenschale in einer Pfanne ohne Fettzugabe unter ständigem Rühren kurz anrösten, bis sie
zu duften beginnen. In die Schüssel geben und alles
gut vermischen.
Mit den grobgehackten Pistazien garnieren.
Sofort servieren oder kühl stellen.

Dattelkonfekt

Halwa Tamr

300 g Datteln
200 g ungesalzene
Pistazienkerne
2 EL Rosenwasser

½ TL Zimt
Puderzucker zum
Wälzen

Die Datteln kleinschneiden und mit 5 EL Wasser in einen Topf geben. Bei milder Hitze unter ständigem Rühren ca. 5 Minuten weich dünsten. Vom Feuer nehmen und abkühlen lassen.
Pistazien fein hacken und in einer Pfanne kurz anrösten, bis sie zu duften beginnen.
Beides in einer Schüssel mit dem Rosenwasser und Zimt gut verkneten.
Kleine Kugeln formen und in Puderzucker wälzen.

Gefüllte Datteln

Tamr Mahschi

40 große, frische
Datteln
120 g Mandeln

3 EL Orangenblüten-
wasser
1 Prise Salz

Die Datteln längs einschneiden und den Stein herauslösen. Die Früchte sollen an einer Seite noch zusammenhalten.
Mandeln mit kochendem Wasser überbrühen und

enthäuten. Fein hacken und in einer Pfanne ohne Fettzugabe unter Rühren hellgelb anrösten. Im Mörser zerstampfen oder in einem Mixer zu einer Paste verarbeiten.
Orangenblütenwasser und Salz hineinkneten.
Die Datteln mit der Mandelpaste füllen und die Oberfläche glattstreichen.
Zu Tee servieren.

Walnußkekse
Ka'k bi-l-Dschauz

200 g Walnußkerne	1 EL geriebene
150 g Mehl	Orangenschale
100 g Butter	½ TL Zimt
100 g Honig	1 Prise Salz

Die Hälfte der Walnüsse fein mahlen, die restlichen grob hacken. Beides mit dem Mehl vermischen.
In einer Schüssel Butter, Honig, die Gewürze und Salz schaumig rühren.
Das Mehl und die Nüsse hinzufügen und alles gut durchkneten. Zum Schluß 2 EL kaltes Wasser einarbeiten.
Zugedeckt 30 Minuten kühl stellen.
Den Teig in 4 Teile teilen. Aus jeweils einem Teil kleine Kugeln formen, diese in der Hand flach drücken und auf ein gefettetes Backblech setzen. Den übrigen Teig bis zur Verarbeitung kühl stellen.
Im vorgeheizten Ofen bei 220° 10 Minuten goldgelb backen.

Getränke

Rosinengetränk
Scharab Zabib

Dieses Getränk ist ohne Zuckerzusatz sehr süß!

300 g Rosinen oder Sultaninen

5 Scheiben von 1 unbehandelten Zitrone
1 Stück Zimtstange

Die Rosinen gut waschen und in eine Schüssel geben. Mit 1 l heißem Wasser übergießen und 6 Stunden quellen lassen.

Durchseihen und das Einweichwasser in einem Topf auffangen.

Zitronenscheiben und Zimt in den Topf geben und alles zum Kochen bringen. Etwa 3 Minuten köcheln lassen, dann vom Feuer nehmen. Zitronenscheiben und Zimt entfernen.

Die Rosinen durch den Fleischwolf drehen und in den Topf mit dem Einweichwasser geben. Gut durchrühren und zum Kochen bringen. 1 Minute kochen lassen, dann die Rosinen abseihen.
Das Getränk in einen Saftkrug füllen und kühl stellen. Nach Geschmack mit kaltem Wasser verdünnen.
Mit Eiswürfeln servieren.

ÄGYPTEN

Lakritzgetränk
Scharab Sus

30 g Rohlakritz (in Kräuterläden und Apotheken in Stangen- oder Pastillenform erhältlich; 30 g entsprechen etwa 20 Pastillen)

1 Stück unbehandelte Zitronenschale
1 Stück ganzer Sternanis

In einem Topf 1 l Wasser langsam erhitzen, das Lakritz darin auflösen.
Die Zitronenschale in kleine Vierecke schneiden. Sternanis in Stücke brechen. In den Topf geben und alles zum Kochen bringen. Die Hitze herunterschalten und 15 Minuten köcheln lassen.
Heiß in ausgespülte Fläschchen füllen und sofort verschließen.
Als Getränk verdünnt man 1 Teil Lakritzsirup mit der gleichen Menge eiskaltem Wasser.

Sauerampfergetränk
Scharab Hummaid

Dieses Getränk hat ein feines, süß-säuerliches Aroma.

200 g frische Sauer-ampferblätter, mit Stielen	*750 ml Wasser*
	6 frische Minze-zweige
125 g Zucker	*2 EL Zitronensaft*

Sauerampfer waschen und sehr fein schneiden. In einen Topf geben, den Zucker unterrühren und das Wasser darübergießen. Zum Kochen bringen und 10 Minuten köcheln lassen.
Die grob geschnittenen Minzezweige und den Zitronensaft hinzufügen. 1—2 Minuten mitköcheln lassen. Abseihen und in Teegläser verteilen. Mit heißem Wasser nach Geschmack verdünnen.

Quittengetränk
Scharab s-Safardschal

Dies ist ein erfrischendes Getränk nach Nadschm ad-Din Mahmud al-Schirazi, den wir schon beim Rosenhonig erwähnt haben. Er sagt über dieses Getränk, daß es kühlt, das Herz stärkt und den Appetit anregt. Seine Zubereitungsart sieht vor, daß die Quitten roh durchgeseiht werden. Um mehr Saft zu gewinnen, empfehlen wir aber, sie vorher kurz zu dünsten.

2 kg reife, säuerliche   *1 kg Zucker*
Quitten

Die Quitten schälen und entkernen. In einen Topf geben und langsam erhitzen. Unter ständigem Rühren 10 Minuten köcheln lassen, dann durch ein Sieb drükken. Den Saft wieder in den ausgespülten Topf geben, erneut zum Kochen bringen und bei milder Hitze auf die Hälfte einkochen lassen.
Den Zucker hinzufügen und gut umrühren, damit er sich auflöst. Heiß in verschließbare Fläschchen füllen. Zum Servieren füllt man ein Glas zu ¼ mit Sirup und verdünnt ihn mit kaltem Wasser. Normalerweise rechnet man mit 3 Teilen Wasser auf 1 Teil Sirup.

IRAK

Veilchengetränk
Scharab Banafsadsch

Nadschm ad-Din Mahmud al-Schirazi sagt, daß dieses Getränk erfrischt, die Kehle befeuchtet und wirksam gegen Husten ist.

1 kg frische Veilchen-   *1 kg Zucker*
blüten

Von den Veilchenblüten die Kelche entfernen. Die Blüten in einen Topf geben, mit 3 l Wasser übergießen und langsam zum Kochen bringen. Nach einmaligem Aufkochen die Flüssigkeit in einen anderen Topf abseihen.

Den Zucker hinzufügen und alles auf kleiner Flamme kurz kochen lassen, dabei den Schaum entfernen. Vom Feuer nehmen und heiß in saubere Gläser füllen. Fest verschließen.

Zum Servieren verdünnt man den Sirup mit eiskaltem Wasser.

Anistee

Schai Jansun

Dieser Tee ist das bevorzugte Getränk der Sänger, Redner und Geschichtenerzähler, denn Anis mit Honig schützt vor rauher Kehle und macht die Stimme klar. Man kann für die Zubereitung auch gemahlenen Anis verwenden, das Aroma wird aber nicht das gleiche sein.

3 EL Anissamen   *1 EL Honig*

Die Anissamen in einer Gewürzmühle mahlen oder im Mörser zerstoßen. In einen kleinen Stieltopf geben und ¾ l Wasser darübergießen. Zum Kochen bringen und 3 Minuten bei geschlossenem Deckel köcheln lassen.

Den Tee durch ein feines Sieb gießen und den Honig darin auflösen.

In kleine Teegläser gießen und heiß servieren.

Grüner Tee mit Minze
Schai Na'na'

Dieser traditionelle Tee wird heiß und sehr süß getrunken. Mit seiner Zubereitung ist eine ganze Zeremonie verbunden. Serviert wird auf Silber- oder Messingtabletts. Auch die Kanne ist oftmals aus Silber und mit Ornamenten verziert.

4—6 TL grüner Tee   *1 großer Strauß*
4—8 grobe Stücke   *frische Minze*
Zucker

Als Teezubereiter spült man zuerst die Kanne mit heißem Wasser aus. Dann gibt man den Tee in die Kanne und etwas heißes Wasser darauf, das man sofort wieder abgießt. Dies dient der Entfernung von Staub und Schmutzteilchen auf den Teeblättern.
Nun kommen die Zuckerklümpchen in die Kanne. Mit 1 l kochendem Wasser übergießen und einmal umrühren. Den Tee ziehen lassen, bis sich die Blätter am Boden absetzen.
Aus großer Höhe mit feinem Strahl in vier kleine Teegläser gießen.
Von diesem ersten, sehr starken Aufguß trinkt man nach Wunsch bis zu 3 Gläschen. Dann gibt der Teezubereiter die Minzestengel in die Kanne, fügt eventuell erneut Tee und Zucker hinzu und füllt die Kanne wieder mit kochendem Wasser. Bei geschlossenem Deckel kurz ziehen lassen, bis das Minzearoma den Tee durchdrungen hat. Erneut in die Gläser gießen und heiß trinken.

Traditionell reicht man dazu süßes Mandelgebäck, wie zum Beispiel Gazellenknöchelchen (siehe Rezept S. 167).

(siehe Rezept S. 167)

SAUDI-ARABIEN

Beduinenkaffee
Qahwat l-Badawi

Kaffee ist für den Beduinen von größter Wichtigkeit. Eher würde er auf das Essen verzichten als auf dieses belebende Getränk. Es gilt als eine große Schande, ankommende Gäste nicht sofort mit Kaffee zu bewirten. Daher steht zu jeder Tages- und Nachtzeit ein Henkelkännchen Kaffee neben dem offenen Feuer, wo er warmgehalten wird. In dem Gästezelt eines jeden Scheichs gibt es einen Jungen, der ausschließlich für die Zubereitung des Kaffees zuständig ist. Auch wenn alle anderen fort sind, das Vieh zu hüten, bleibt er da, um die Heimkehrenden sofort mit einem Täßchen zu begrüßen.

Bei der Kaffeezeremonie sind einige Dinge zu beachten. Zu den wichtigsten Ritualen gehört, daß der Gastgeber immer zuerst einen Schluck von dem Kaffee nimmt. Dies geschieht einerseits, um die Güte des Getränks zu überprüfen, andererseits aber auch als ein Zeichen für die Gäste, daß sie bezüglich einer Vergiftung nichts zu befürchten haben. Dann gießt der Gastgeber den Kaffee für die Gäste aus. Diese müssen darauf achten, die Täßchen nur mit der rechten Hand entgegenzunehmen. Hat der Gast nach mehrmaligem Einschenken genug getrunken, zeigt er

durch leichtes Schwenken seiner leeren Tasse, daß er keinen Nachschub mehr wünscht. Unterläßt er diese Geste, wird er ständig nachgeschenkt bekommen.
Die angegebenen Maße sind für 8 Mokkatäßchen berechnet.

2 TL frisch gemahlener
Kardamom
1 TL Zimt
½ TL frisch geriebener
Ingwer

8 TL frisch gemahlener
Mokka
2 TL Zucker

Kardamom, Zimt und Ingwer in einen Kaffeestieltopf geben. ¾ l Wasser daraufgießen und zum Kochen bringen. Bei schwacher Hitze zugedeckt 10 Minuten köcheln lassen.
Mokka und Zucker hinzufügen, einmal umrühren und den Kaffee zugedeckt 5 Minuten köcheln lassen. Heiß servieren.

Alphabetisches Rezeptregister

Rezeptregister nach Sachgruppen

GEBÄCK UND SÜSS-SPEISEN

GETRÄNKE

HEYNE KOCHBÜCHER

*Regionale Küchen und Länder-Spezialitäten
im Heyne-Taschenbuch*

Alpenländer

Andreas Hellrigl
Südtiroler Küche
Mit Farbfotos
07/4496 - DM 9,80

Balkan

Maria Horvath
Balkan Küche
07/4004 - DM 5,80

Deutschland

Trudl Kirchdorfer
Münchner Schmankerl
07/4054 - DM 5,80

Die bayerische Küche
07/4384 - DM 6,80

Thaddäus Troll
**Kochen wie die
Schwaben**
Mit Farbfotos
07/4464 - DM 9,80

Europa

Rotraud Degner
So kocht Europa
Mit Farbfotos
07/4408 - DM 9,80

Roland Gööck
**Die bürgerliche
rustikale Küche der
Länder Europas**
07/4394 - DM 9,80

Frankreich

Paul Bocuse
Die Neue Küche
Mit Farbfotos
07/4277 - DM 16,80

Curnonsky
**Spezialitäten der
französischen Küche**
07/4060 - DM 5,80

Rotraud Degner
So kocht Frankreich
07/4422 - DM 12,80

Madeleine Dupré
**Die berühmte
französische Küche**
Mit Farbfotos
07/4196 - DM 7,80

Chantal Gallo
**Die Küche der
Provence**
07/4428 - DM 7,80

Paul und Jean-Pierre
Haeberlin
**Meisterküche
im Elsaß**
Mit Farbfotos
07/4413 - DM 19,80

Gaston Lenôtre
**Das große Buch vom
König der Feinbäcker**
Mit Farbfotos
07/4317 - DM 12,80

Partyrezepte
Mit Farbfotos
07/4463 - DM 19,80

Monique Lichtner
**Knoblauch, Kräuter
und Oliven**
07/4478 - DM 7,80

Marianne Piepenstock
Französische Küche
07/4001 - DM 5,80

Griechenland

Barbara Lüdecke
Griechische Küche
07/4119 - DM 5,80

Anne Theoharous
Griechisch Kochen
07/4324 - DM 7,80

Preisänderungen
vorbehalten.

Indien

Julie Sahni
**Das große
indische Kochbuch**
07/4447 - DM 12,80

**Das große
vegetarische indische
Kochbuch**
07/4480 - DM 14,80

Indonesien

Louise Bader
Rund um die Reistafel
Die Spezialitäten
der berühmten
indonesischen Küche
07/4044 - DM 5,80

Sri Owen
**Die indonesische
Küche**
07/4276 - DM 6,80

Italien

Vincenzo Buonassisi
Nudel & Nudel
Mit Farbfotos
07/4333 - DM 6,80

Anna Casale
**Die italienische
Familien-Küche**
Mit Farbfotos
07/4471 - DM 9,80

Maria Casati
Pasta
Mit Farbfotos
07/4434 - DM 9,80

Eva Exner
**Die Küche der
Toskana**
07/4450 - DM 8,80

**Wilhelm Heyne Verlag
München**